율곡 선생 글모음

자경문 · 천도책

이이 지음 / 임동석 옮김

율곡 선생의 영정을 도신 사당인 문성사

을유문화사

율곡 선생 영정

오죽헌의 외삼문인 자경문

율곡 선생의 외갓댁인 오죽헌. 몽룡실은 율곡 선생이 태어나신 곳으로, 여기에서 어머니 사임당한테서 글을 배웠다.

율곡 선생께서 8세 때 올라가서 "화석정시"를 지은 경기도 파주에 있는 화석정

율곡 선생 글모음

자경문 · 천도책

조선 시대 대유학자인 율곡 선생의 글을 다룬다는 것은 과분하기도 하고 한편으로는 영광스러운 일이기도 하다. 특히 선생의 자신을 경계하기 위한 각오의 글, 시무책(時務策)이나 과책(科策)은 물론, 당시 학교 생활에서 학생과 사장(師長) 모두에게 빈틈없고 간곡한 설명의 글은 지금 보아도 그 구체적이고 자상함에는 감탄을 금할 수가 없을 정도이다. 그 외에 시와 문장은 도학자의 기품과 또 다른 정서 생활의 일면을 들여다볼 수 있는 좋은 자료일 뿐더러 선생의 감각적 표현에 경외감마저 든다.

다시 부연하면 〈자경문(自警文)〉은 선생이 20세 때에 불학(佛學)에 관심을 두고 금강산(金剛山)에 입산하였으나 다시 유학(儒學)으로 도를 이루기 위해 하산하면서 자신을 경계하기 위하여 지은 것으로 일종의 '결심의 글'이다. 엄격하기 그지없는 자신과의 싸움과 각오는 오늘날 청소년들에게 좋은 사례가 될 수 있을 것이다.

그리고 〈천도책(天道策)〉은 과책의 질문과 답안을 모두 작성한 것으로 지금으로 말하면 과거 시험의 고사 문제와 모범 답안의 정제된 모습을 예시한 것이다. 지금의 입장에서 보아도 참으로 과학적이며 논리적인 문장으로 논술 고사가 조선 시대에 이미 얼마나 널리 운용되었는가를 알 수 있는 자료이다. 특히 치란(治亂)의 서응(瑞應)을 연결시킨 것은 예나 지금이나 지도자의 덕목이 강조되는 한결같은 원리를 주장한 것으로 왜 사람이 덕행을 베풀어야 하는지에 대한 해답인 셈이다.

이어서 〈육조계(六條啓)〉는 당시 시대 상황의 난제를 풀기 위한 구체적인 여섯 조목, 즉 '어질고 능력 있는 인재를 임용할 것〔任賢能〕, 군사와 백성을 기를 것〔養軍民〕, 낭비를 버리고 국가 재정을 튼튼히 할 것〔足財用〕, 변방을 견고히 할 것〔固蕃屏〕, 전마를 갖추어 대비할 것〔備戰馬〕, 교화를 밝혀 베풀 것〔明敎化〕'을 상계(上啓)한 것이며, 그 내용은 구체적이며 참으로 절실하여 저 한(漢)나라 때 왕부(王符)의 〈잠부론(潛夫論)〉에서 거론된 것보다 훨씬 뛰어난 실천적인 애국 애족 사상이라 할 수 있다. 이는 지금의 시대 상황에 비추어 보아도 맞지 않음이 없으니 선각자란 이렇게 앞선 식견을 가진 것인가 적이 놀랍기도 하다.

다음으로 〈학교 모범(學校模範)〉은 교육의 중요함과 당시 피폐된 교육 환경을 일신하고자 아주 세밀하게 조항을 만들어 밝힌 것으로 당시의 학교 생활의 구체적인 내용을 알 수 있는 귀중한 자료이다. 게다가 지금 우리의 교육 환경에 대입(代入)시켜 보아도 얼마든지 활용이 가능한 훌륭한 내용들이다.

그 외에 시문(詩文)으로 이미 널리 알려진 「화석정(花石亭)」 외
에 「욕기사(浴沂辭)」나 「산중(山中)」 등은 중국의 어떤 시에 비교
해 보아도 손색이 없는 뛰어난 작품들이며, 「경포대부(鏡浦臺
賦)」는 직접 경포대에 올라 읽어보면 그 감회나 사실적 표현에
대한 감탄이 가슴을 뭉클하게 하리라 여겨진다.

한편 10여 년 전에 이미 소책자(小冊子)로 이를 출간한 적이 있
으나 오자, 탈자, 오역이 있어 항상 마음 한구석 괴로움을 떨쳐
버리지 못하고 있던 터에 이제 개정판을 계획한다기에 당시의 누
소(漏疏)함을 조금이나마 고칠 수 있으리라 안도하게 되었다.

더구나 원문을 싣고 이에 독음(讀音)과 현토(懸吐)까지 더하여
초학자들도 읽기 쉽게 꾸민다 하니 그 덕분에 원문과 역문도 자
세히 살필 수 있어 다행이라 여겼다. 그러나 역시 잘못된 부분이
없을 수는 없을 것이니 읽는 이들의 질정과 편달을 바란다.

1998년 가을

苗浦 林東錫이 醉碧軒에서 쓰다

율곡 선생 글모음

ㄱ

차 례

■ 머리말 · 6

자경문(自警文) ··· 11

천도책(天道策) ··· 19

육조계(六條啓) ··· 53

학교 모범(學校模範) ·· 81

시(詩)·문(文) ··· 129

율곡 선생 행장기(栗谷先生行狀記) ······················· 171

연보(年譜) ··· 173

■ 부록 신사임당의 시 ·· 177

　　　　 신사임당 연보 ·· 184

자경문(自警文)[1]

○ 먼저 모름지기 그 뜻을 크게 가져 성인의 경지에까지 가는 것을 준칙(準則)으로 삼아 털끝만큼이라도 그에 미치지 못하면 나의 일은 끝나지 않는다.

○ 마음이 정해진 자는 말이 적어진다. 마찬가지로 마음을 정하는 데는 말을 적게 하는 것으로 시발(始發)을 해야 한다.

○ 말을 해야 할 때 말을 한다면[2] 그 말은 결국 간략하지 않으면 안 된다.

○ 오랫동안 풀어 놓았던 마음을 일조(一朝)에 거두어 힘을 얻는다는 것이 그 어찌 용이(容易)하랴? 마음은 곧 살아 있는 것이어서 힘을 안정시키기에 실패하면 요동(搖動)이 일어 편안하기 어렵게 되나니 만약 사려(思慮)가 어지러울 때 염오(厭惡)의 생각이 들어 이를 끊어 버리려 한다면 오히려 더욱더 어지러움〔紛擾〕이 일

---

1) 자경문(自警文): 스스로 경계를 삼을 일을 조목조목 적은 글이라는 뜻.
2) 시연후언(時然後言): 〈논어(論語)〉 헌문편(憲問篇)에 「子問公叔文子於公明賈曰 : 信乎, 夫子不言, 不笑, 不取乎, 公明賈對曰 : 以告者過矣. 夫子時然後言, 人不厭其言, 樂然後笑, 人不厭其笑, 義然後取, 人不厭其取, 子曰 : 其然 豈其然乎」라 하였다.

어났다 사라졌다 함을 느끼게 되어 마치 스스로도 어쩔 수 없는 듯 여기게 된다.

설사 끊는다 하더라도 다만 그 끊었다는 사실 자체가 흉중(胸中)에 가로놓여 있게 되어, 또한 허망(虛亡)스럽게 되고 마는 법이다. 어지러움〔紛擾〕에 당했을 때엔 정신(精神)을 수렴(收斂)하여 조용히 조관(照管)하여 그 자체에 더불어 끌려다니지 말 것이로다.

이러한 면에 오랫동안 공부(功夫)를 들이면 끝내 안정〔凝定〕되고 때를 얻어 일을 집행함에 전일(專一)하게 되나니, 이 역시 마음을 안정시키는 단련법〔功夫〕이니라.

○ 항상 계구(戒懼)하고 혼자 있을 때를 근신(謹愼)하는 뜻을 가슴 속에 지닌 채 늘 생각하여 게으르지 않으면 일체(一切)의 사념(邪念)이 저절로 일어나지 못하느니라.

○ 만 가지 악(惡)은 모두가 근독(謹獨)하지 않음을 좇아 일어나느니라.

○ 근독(謹獨)한 후에야 욕기영귀(浴沂詠歸)[3]의 의미를 알 수 있다.

○ 새벽에 일어나서는 아침에 해야 할 일을 생각하고 식후(食後)에는 낮에 해야 할 일을 생각하며 취침시에는 내일 해야 할 일을 생각한다. 일이 없으면 그만이려니와 일이 있으면 반드시 합당하고 의당한 도리에서 처리할 것을 생각한다. 그런 후에 글을 읽어야 하니, 글 읽음에는 시비(是非)를 구분하여 이를 행사(行事)에 베풀지니라.

---

3) 욕기영귀(浴沂詠歸): 기수(沂水)에서 목욕하고 노래 부르며 돌아온다는 뜻. 〈논어(論語)〉 선진편(先進篇)에 「……曰莫春者, 春服旣成, 冠者五六人, 童子六七人, 浴乎沂, 風乎舞雩, 詠而歸. 夫子喟然嘆曰 : 吾與點也」라 하였다.

만약 일을 살피지 않고 올연(兀然)히 글만 읽는다면 이는 소용(所用) 없는 학문을 하는 것이니라.

○ 재리(財利)와 영리(榮利)는 비록 그 생각을 쓸어 제거한다 할지라도, 만약 일에 처했을 때에 일호(一毫)라도 편의(便宜)의 쪽을 택한다면 이 또한 이(利)에 대한 마음이 있는 것이니 더욱더 성찰(省察)할 것이로다.

○ 무릇 일을 만나 만약 할 만한 일에 이르러서는 곧 성실(誠實)을 다하여 이를 처리할 것이며, 염증(厭症)을 내거나 권태(倦怠)한 마음을 가져서는 안 된다.

만약 할 수 없는 일이라면 딱 잘라 끊어 버리고 시비(是非)로 하여금 가슴 속에서 교전(交戰)하게 해서는 안 된다.

○ 항상 불의를 한 번만 행하고, 무고한 자를 한 번만 죽이고 천하를 얻는다 할지라도 이를 행하지 않겠다는 생각을 가슴 속에 간직할 지니라.

○ 횡역(橫逆)이 다가오면 스스로 반성하고 깊이 성찰(省察)하여 감화(感化)로써 기약(期約)을 삼을지니라.

○ 한 집안 사람이 교화되지 않음은 이는 곧 성의를 다하지 않았음이니라.

○ 밤잠이나 질병(疾病)이 아니라던 눕지 아니하며 비스듬히 기대지도 아니하며 비록 밤중일지라도 졸립다는 생각이 없으면 눕지 아니하며, 다만 억지로는 말 것이니라. 낮에 졸음이 오면 마땅히 정신을 깨우쳐야 하며 졸음이 그래도 십분 맹렬하여 눈을 뜨려 해도 눈꺼풀이 무거운 듯하면 일어나 몇 바퀴 걸어다녀서 잠이 달아나도록 하여야 한다.

○ 공부에 힘쓰되 느리게도 급하게도 말며 죽은 뒤에야 그치리라는[4]

생각으로 한다. 만약 그 효과가 빨리 드러나기를 바란다면 이 또한 이심(利心)이 있는 것이 된다. 그러므로 만약 이렇게 하지 않는다면 이는 부모께 받은 몸을 욕욕(戮辱)하는 것이니 곧 사람의 아들이라 할 수 없느니라.

※ 이 글은 율곡(栗谷) 선생이 처음 불학(佛學)에 뜻을 두고 금강산(金剛山)에 입산(入山)했다가 결국은 유학(儒學)으로 도(道)를 이루기 위해 하산(下山)하여 스스로를 경계하여 게을리하지 않겠다고 지은 글로서 20세 때의 일이라 전한다.

원문

自警文
○ 先首大其志, 以聖人爲準則, 一毫不及聖人, 則吾事未了.
○ 心定者言寡, 定心自寡言始.
○ 時然後言, 則言不得不簡.
○ 久放之心, 一朝收之得力, 豈可容易, 心是活物, 定力未成, 則搖動難安, 若思盧紛擾時, 作意厭惡, 欲絶之, 則愈覺紛擾, 倏起忽滅, 似不由我, 假使斷絶, 只此斷絶之念, 橫在胷中, 此亦妄念也. 當於紛擾時, 收斂精神, 輕輕照管, 勿與之俱徃, 用功之久, 必有凝定之時. 執事專一, 此亦定心功夫.
○ 常以戒懼謹獨, 意思存諸胷中, 念念不怠, 則一切邪念, 自然不起.

---

4) 사이후이(死而後已): 죽어야 끝난다는 뜻. 〈논어(論語)〉 태백편(泰伯篇)에 「曾子曰 : 士不可以不弘毅, 任重而道遠, 仁以爲己任, 不亦重乎, 死而後已, 不亦遠乎」라 하였다.

○ 萬惡, 皆從不謹獨生.

○ 謹獨然後 可知浴沂詠歸之意味.

○ 曉起, 思朝之所爲之事, 食後, 思晝之所爲之事, 就寢時, 思明
日所爲之事, 無事則放下, 有事則必思得處置合宜之道, 然後
讀書, 讀書者, 求辨是非, 施之行事也. 若不省事, 兀然讀書,
則爲無用之學.

○ 財利榮利, 雖得掃除其念, 若處時, 有一毫擇便宜之念, 則此
亦利心也, 尤可省察.

○ 凡遇事, 至若可爲之事, 則盡誠爲之, 不可有厭倦之心, 不可
爲之事, 則一切斷絶, 不可便是非, 交戰於胷中.

○ 常以行一不義, 殺一不辜, 得天下, 不可爲, 底意思存諸胷中.

○ 橫逆之來, 自反而深省, 以感化爲期.

○ 一家之人, 不化, 只是誠意未盡.

○ 非夜眠及疾病, 則不可偃臥, 不可跂倚, 雖中夜, 無睡思, 則不
臥. 但不可拘迫, 晝有睡思, 當喚醒, 此心十分猛. 醒眼皮若重,
起而周步, 使之惺惺.

○ 用功不緩不急, 死而後已, 若求速其效, 則此亦利心, 若不如
此, 戮辱遺體, 便非人子.

자 경 문
自警文

선 수 대 기 지　　　　　이 성 인 위 준 칙　　　　　일 호 불 급 성 인　　　　　즉 오 사
○ 先首大其志하여 以聖人爲準則이니라. 一毫不及聖人이면 則吾事
미 료
未了니라.

○ 心定者는 言寡하니 定心이면 自寡言始니라.

○ 時然後言하면 則言不得不簡이니라.

○ 久放之心을 一朝收之得力함이 豈可容易리오? 心是活物이니 定力 未成이면 則搖動難安이니라. 若思盧紛擾時하여 作意厭惡하되 欲 絶之면 則愈覺紛擾니라. 倏起忽滅하여 似不由我하니 假使斷絶이 라도 只此斷絶之念이 橫在胷中하니 此亦妄念也니라. 當於紛擾時 엔 收斂精神하여 輕輕照管하여 勿與之俱徃할지니라. 用功之久엔 必有凝定之時하니라. 執事專一하니 此亦定心功夫니라.

○ 常以戒懼謹獨하여 意思存諸胷中하여 念念不怠면 則一切邪念이 自然不起니라.

○ 萬惡은 皆從不謹獨生이니라.

○ 謹獨然後에 可知浴沂詠歸之意味니라.

○ 曉起하면 思朝之所爲之事하고 食後엔 思晝之所爲之事하며 就寢 時엔 思明日所爲之事니라. 無事則放下하고 有事則必思得處置合 宜之道니라. 然後讀書하니 讀書者는 求辨是非하고 施之行事也니 라. 若不省事하고 兀然讀書하면 則爲無用之學이니라.

○ 財利榮利는 雖得埽除其念이라도 若處時하여 有一毫擇便宜之念이 면 則此亦利心也니라. 尤可省察이니라.

○ 凡遇事엔 至若可爲之事하면 則盡誠爲之니라. 不可有厭倦之心하

고 不可爲之事는 則一切斷絶이니라. 不可便是非가 交戰於胷中이

니라.

○ 常以行一不義하고 殺一不辜하면 得天下라도 不可爲할지니라. 底
意思存諸胷中이니라.

○ 橫逆之來엔 自反而深省하여 以感化爲期니라.

○ 一家之人이 不化하면 只是誠意未盡이니라.

○ 非夜眠及疾病이면 則不可偃臥하고 不可跛倚니라. 雖中夜라도 無
睡思면 則不臥니라. 但不可拘迫하여 晝有睡思면 當喚醒이니라. 此
心十分猛하여 醒眼皮若重하면 起而周步하여 使之惺惺이니라.

○ 用功不緩不急하여 死而後已니라. 若求速其效면 則此亦利心이
若不如此니라. 戮辱遺體면 便非人子니라.

천도책(天道策)[1]

천도란 알기도 어렵고 말로 표현하기도 어렵다. 해와 달이 하늘에 빛나서 일주 일야(一晝一夜)하며 혹 더딘 경우도 있고 빠른 경우도 있으니 누가 그렇게 시키는 것인가?

또 어떤 때엔 일월(日月)이 함께 나타나서 일식이나 월식이 되기도 하는데 왜 그러한가?

오성(五星)[2]은 씨〔緯〕가 되고 나머지 여러 별은 날〔經〕이 된다는 것을 상세하게 말할 수 있는가?

---

1) 천도책(天道策): 천문, 기상의 순행과 이변 등에 대한 책론. 책(策)은 과거 시험 문제의 한 종류로 사안을 질문하고 이에 대한 대책을 서술토록 하는 형식. 대책(對策), 책문(策文)이라고도 하며 그러한 문체도 역시 책이라 한다.
2) 오성(五星): 다섯 별, 목·화·금·수·토성. 〈군방보(群芳譜)〉에 「五星, 五行之星也. 木星, 曰歲星, 曰攝提, 曰重華, 曰經星, 曰起星, 秉東方木德之精, 司春. 主角亢氏房心尾箕七星. 火星, 曰熒惑, 曰赤星, 曰執法, 曰罰星, 秉南方火德之精, 司夏, 主井鬼柳星張翼軫七星. 土星. 曰鎭星, 曰地侯, 秉中央土德之精, 寄旺四季, 主東井. 金星, 曰太白, 曰殷星, 曰太正, 曰熒星, 曰明星, 秉西方金德之精, 司秋, 主奎婁胃昴畢觜參七星. 水星, 曰辰星, 曰能星, 曰鉤星, 曰司農, 秉北方水德之精, 司冬, 主斗牛女虛危室壁七星」이라 하였다. 오위(五緯)라고도 한다.

경성(景星)[3]은 어느 때 나타나며 혜패(彗孛)[4]는 어느 대(代)에 나오는가?

혹 이르기를, 만물의 정(精)이 위로 올라가 여러 별이 되었다고 하는데, 이 설에는 어떠한 근거가 있는가?

바람은 어디에서 일어나 어디로 불어들며 혹은 불어도 나뭇가지를 안 울리고 혹은 나무를 꺾고 집을 뽑아, 소녀같이 곱다가 태풍처럼 되는 것은 무엇 때문인가?

구름이라는 것은 어디서 일어나며, 흩어져서는 오색(五色)[5]을 띠는 것은 무엇에 응해서인가? 그 어느 때는 연기 같으나 연기가 아니고 욱욱(郁郁) 분분(紛紛)한 것은 무엇 때문인가?

안개는 무슨 기운(氣運)에서 일어나며, 그것이 붉기도 하고 푸르기도 한 것은 무슨 징조 때문인가? 혹은 황무(黃霧)가 사방을 메우고 혹은 대무(大霧)가 대낮을 컴컴하게 하는 것은 또한 무슨 이유에서인가?

번개 · 우레 · 벼락은 누가 이를 주재하는 것이며 그 빛이 번쩍번쩍하고 그 소리가 시끄러운 것은 무슨 이유에서인가?

혹은 사람에게 벼락을 때리고 혹은 물건에게 때리는 것은 또한 무슨 이치인가? 서리는 풀을 죽이나 이슬은 만물을 윤택하게 하는데, 서리가 되기도 하고 이슬이 되기도 하는 이유를 들어 볼 수 있겠는

---

3) 경성(景星): 상서로운 별. 〈사기(史記)〉 천관서(天官書)에 「大晴而見景星」이라 하였고 주(注)에 「孟康曰: 有赤方氣與靑方氣相連, 赤方中有兩黃星, 靑方中有一黃星, 凡三星合爲景星」이라 하였다.

4) 혜패(彗孛): 모두 혜성을 가리킨다. 혜(彗)는 큰 별, 패(孛)는 작은 별. 고대 사람들은 이 별이 나타나면 흉한 일이 생긴다고 믿었다. 〈한서(漢書)〉 문제기(文帝紀)의 문영(文穎)의 주(注)에 「孛, 彗形象小異, 孛星光芒短, 其光四出, 蓬蓬孛孛也, 彗星光芒長, 參參如埽彗」라 하였다.

5) 오색(五色): 청 · 황 · 적 · 백 · 흑의 다섯 가지 색깔.

가?

남월(南越)[6]은 땅이 따뜻해서 6월에 서리가 내린다면 혹독한 재변이 되는데 그런 때에 가히 자세히 대기할 수 있는가?

비라는 것은 구름을 따라서 내려오는데 혹은 구름이 밀집되어도 비가 내리지 않는 것은 왜 그러한가?

신농(神農)[7] 시대에는 비오기를 바라면 비를 내렸고, 태평 시대에는 36번이나 그렇게 하여 비가 내렸다는데, 그렇다면 천도(天道)도 사사로움과 후함이 있는가?

혹 군사를 일으킬 때 비가 오고 혹은 옥사(獄事)를 판결할 때에 비가 오는 것은 무엇 때문이라 생각하는가?

초목들의 꽃술은 다섯 잎이 거의 모두인데 눈꽃〔雪花〕만이 유독 6각형인 것은 무슨 이유인가?

눈 위에 눕고 눈 속에 서고 손님을 맞이하고 친구를 찾아가고 하는 일들을 가히 역력히 말할 수 있는가?[8]

우박이란 것은 서리도 아니고 눈도 아닌데 무슨 기(氣)가 종집(鍾集)[9]하여 된 것인가? 어떤 것은 말머리만하고 혹은 달걀만해서 사람과 새나 짐승까지 살상했었다 하는데 어느 시대에 있었던 일인가?

---

6) 남월(南越): 남쪽 월나라 땅. 구체적 지명이라기보다는 더운 지방을 지칭해서 쓴 말.

7) 신농(神農): 중국 전설상의 제왕. 삼황(三皇)의 한 사람으로 백성에게 어진 정치를 베풀었다. 염제(炎帝)라고도 하며, 태평 시대를 누렸다 한다.

8) 진(晋)나라 때 왕자유(王子猷)가 밤에 눈이 내리자 친구 대안도(戴安道)가 보고 싶어 찾아갔으나 문앞에 이르러 눈이 그쳐 그대로 되돌아온 이야기를 말한다. 〈세설신어(世說新語)〉 임탄편(任誕篇)에 「王子猷居山陰, 夜大雪, 眠覺, 開室, 命酌酒, 四望皎然. 因起仿偟, 詠左思招隱詩. 忽憶戴安道. 時戴在剡〔一〕, 卽便夜乘小船就之. 經宿方至, 造門不前而返. 人問其故, 王曰. 吾本乘興而行, 興盡而返, 何必見戴」라 하였다.

9) 종집(鍾集): 종(鍾)은 모으다. 모이다의 동사.

천지는 만상(萬象)에 각각 그 기(氣)가 있어서 이를 이룬 것인가?
아니면 한 기(氣)가 흘러 행하여 흩어져서 만 가지로 다르게 된 것
인가?

어떤 때 혹시 평상(平常)의 도리에 상반되는 것은 천기(天氣)가 어
그러져 그런 것인가? 아니면 사람의 일이 잘못되어 그런 것인가?

어떻게 하면 해와 달에 일식, 월식이 없게 할 수 있으며 별들로 하
여금 제 자리를 잃지 않게 하며, 우레와 벼락을 없게 하며, 여름에
서리가 내리지 않게 하며, 눈의 묻힘이 없게 할 수 있으며, 우박의
재해가 없이 하며, 매운 바람이 없이 하며, 음우(淫雨)가 없이 하여
사시(四時)가 차례에 순응해서 마침내 천지를 정위(正位)하며 만물
을 화육(化育)하게 할 수 있는가? 그 도는 어디로 말미암을 수 있는
가?

제생(諸生)은 경사(經史)[10]에서 널리 살펴서 능히 이것을 말해 낼
수 있을 것이니 각각 마음을 다하여 대답하라.

원문

〔問〕天道難知, 亦難言也, 日月麗乎天, 一晝一夜, 有遲有速
者, 孰使之然歟, 其或日月竝出, 有時薄蝕者, 何歟, 五星爲緯, 衆
星爲經者, 亦可得言其詳歟, 景星見於何時, 彗孛之生, 亦在何代
歟, 或云萬物之精, 上爲列星, 此說亦何據歟, 風之起也, 始於何
處, 而入於何所歟, 或吹不鳴條, 或折木拔屋, 爲少女, 爲颶母者,
何歟, 雲者, 何自而起, 散爲五色者何應歟, 其或似煙非煙, 郁郁

---

10) 경사(經史): 경(經)과 사(史). 지금은 흔히 13경(經)과 25사(史)로 나눈다.

紛紛者, 何歟, 霧者, 何氣所發, 而其爲赤爲靑者, 有何徵歟, 或黃
霧四塞, 或大霧晝昏者, 亦何歟, 雷霆霹靂, 孰主張是, 而其光燁
燁, 其聲虩虩者何歟, 或震於人, 或震於物者, 亦何理歟, 霜以殺
草, 露以潤物, 其爲霜爲露之由, 可得聞歟, 南越地暖, 六月降霜,
爲變酷矣, 當時之事, 可得詳言之歟, 雨者, 從雲而下, 或有密雲
不雨者, 何歟, 神農之時, 欲雨而雨, 太平之世三十六雨, 天道亦
有私厚歟, 或師興而雨, 或決獄而雨者, 抑何歟, 草木之花五數,
居多, 而雪花獨六者何歟, 臥雪, 立雪, 迎賓, 訪友之事, 亦可歷言
之歟, 雹者, 非霜非雪, 何氣之所鍾歟, 或如馬頭, 或如鷄卵, 殺人
鳥獸, 亦在於何代歟, 天地之於萬象, 各有其氣, 而致之歟, 抑一
氣流行, 而散爲萬殊歟, 如或反常, 則天氣之乖歟, 人事之失歟,
何以則日月無薄蝕, 星辰不失躔 雷不出震, 霜不夏隕, 雪不爲
沴, 雹不爲災, 無烈風, 無淫雨, 各順其序, 終至於位天地育萬物,
其道何由, 諸生, 博通經史, 必有能言是者, 其各悉心以對.

읽기

[問] 天道難知하며 亦難言也니라. 日月麗乎天하고 一晝一夜에 有
遲有速者하니 孰使之然歟아? 其或日月竝出하고 有時薄蝕者하니 何
歟아? 五星爲緯하고 衆星爲經者를 亦可得言其詳歟아? 景星見於何
時아? 彗孛之生이 亦在何代歟아? 或云萬物之精하여 上爲列星하니
此說亦何據歟아? 風之起也는 始於何處요? 而入於何所歟아? 或吹不
鳴條하고 或折木拔屋하여 爲少女타가 爲颶母者하니 何歟아? 雲者는

何自而起아? 散爲五色者는 何應歟아? 其或似煙非煙하며 郁郁紛紛

者는 何歟아? 霧者는 何氣所發아? 而其爲赤爲靑者는 有何徵歟아?

或黃霧四塞하고 或大霧晝昏者는 亦何歟아? 雷霆霹靂은 孰主張是

아? 而其光燁燁하고 其聲虩虩者는 何歟아? 或震於人하고 或震於物

者는 亦何理歟아? 霜以殺草하고 露以潤物하되 其爲霜爲露之由는 可

得聞歟아? 南越地暖하니 六月降霜은 爲變酷矣니라. 當時之事를 可

得詳言之歟아? 雨者는 從雲而下하되 或有密雲不雨者는 何歟아? 神

農之時에 欲雨而雨하고 太平之世三十六雨하니 天道亦有私厚歟아?

或師興而雨하고 或決獄而雨者는 抑何歟아? 草木之花五數가 居多하

되 而雪花獨六者는 何歟아? 臥雪·立雪·迎賓·訪友之事를 亦可歷

言之歟아? 雹者는 非霜非雪하니 何氣之所鍾歟아? 或如馬頭하고 或

如鷄卵하며 殺人鳥獸하니 亦在於何代歟아? 天地之於萬象이 各有其

氣하니 而致之歟아? 抑一氣流行이 而散爲萬殊歟아? 如或反常하니

則天氣之乖歟아? 人事之失歟아? 何以則日月無薄蝕하며 星辰不失

躔하고 雷不出震하며 霜不夏隕하고 雪不爲沴하며 雹不爲災하고 無烈

風하며 無淫雨하며 各順其序하여 終至於位天地育萬物하니 其道何由

아? 諸生은 博通經史하여 必有能言是者리니 其各悉心以對하라.

하늘 위에 실린 것은 소리도 없고 냄새도 없으며[1] 그 이치는 지극히 미세하고 그 상(象)은 지극히 드러나서 이런 것을 알아 말하는 자라야 가히 더불어 천도(天道)를 논할 수 있을 것입니다.

지금 집사 선생(執事先生)[2]께서 지미지현(至微至顯)한 도로써 제목을 내어 물으시고 그 궁격(窮格)한 도를 들으려 하시니 진실로 하늘과 사람의 도를 다 배우지 아니한 자가 어찌 능히 더불어 이를 논할 수 있으리요!

어리석은 저로서는 청컨대 평소에 선각자(先覺者)에게 들은 바로써 질문에 만의 하나라도 밝히고자 합니다.

생각컨대, 만 가지 변화의 근본은 오직 음(陰)과 양(陽)일 뿐입니다.

이는 기(氣)라는 것이 동(動)하면 양이 되고 정(靜)하면 음이 되는 것이니 이렇게 일동일정(一動一靜)하는 것이 기(氣)요, 이것을 동(動)하게 하고 정(靜)하게 하는 것이 이(理)입니다.

무릇 천지〔兩間〕 사이에 형상이 있는 것은 혹 5행(五行)[3]의 정기(正氣)가 모인 것도 있고 혹은 천지의 괴기(乖氣)가 모여서 된 것도 있으며, 혹은 음양이 서로 부딪히는 가운데 생겨나는 것도 있으며, 혹은 이기(二氣)[4]가 발산(發散)하는 중에 생겨나기도 합니다.

---

1) 上天之載, 無聲無臭: 〈중용(中庸)〉 33장의 말.

2) 집사 선생(執事先生): 일을 맡은 사람. 여기서는 시험 출제자를 가리킨다.

3) 오행(五行): 우주 사이의 다섯 가지 원기(元氣), 즉 금(金), 목(木), 수(水), 화(火), 토(土)를 이른다. 〈서경(書經)〉 홍범편(洪範篇)에 「五行: 一曰水, 二曰火, 三曰木, 四曰金, 五曰土」라 했으며 상생 상극(相生相剋)의 차례가 있다. 즉 상생(相生)의 차례는 「木生火, 火生土, 土生金, 金生水, 水生木」이며 상극(相剋)의 차례는 「木剋土, 土剋水, 水剋火, 火剋金, 金剋木」이다.

4) 이기(二氣): 음기와 양기. 〈주역(周易)〉 함괘(咸卦)의 단전(彖傳)에 「咸, 感也, 柔上而

이 때문에 일월 성신(日月星辰)이 하늘에서 빛나고 우설 상로(雨雪霜露)가 땅에 내리며 풍운(風雲)이 일기도 하고 뇌전(雷電)이 일어나기도 하니, 이 모두 기(氣)가 아닌 것이 없습니다.

그렇게 하늘에서 빛날 수 있고 땅에 내릴 수 있고 풍운이 일어날 수 있고 뇌전이 일어날 수 있게 하는 것은 이(理)가 아닌 것이 없습니다.

이기(二氣)가 진실로 조화를 이루면 저 하늘에서 빛나는 것들이 그 도수(度數)를 잃지 아니하고 땅에 내리는 것들이 반드시 그 때를 맞추며 풍운뇌전(風雲雷電)이 모두 화기(和氣) 속에 있게 됩니다.

이것이 곧 이(理)의 상(常)인 것입니다.

[對] 上天之載, 無聲無臭, 其理至微, 其象至顯, 知此說者, 可與論天道也, 今執事先生, 以至微至顯之道, 發爲問目, 欲聞窮格之說, 苟非學究天人者, 烏能與議於此歟, 愚請以平日所聞於先覺者, 以復明問之萬一, 竊謂萬化之本, 一陰陽而已, 是氣動則爲陽, 靜則爲陰, 一動一靜者氣也, 動之靜之者理也, 凡有象於兩間者, 或鍾五行之正氣焉, 或受天地之乖氣焉, 或生於陰陽之相激, 或生於二氣之發散, 是故, 日月星辰之麗乎天, 雨雪霜露之降于地, 風雲之起, 雷電之作, 莫非是氣也, 其所以麗乎天, 其所以降于地, 風雲所以起, 雷電所以作, 莫非是理也, 二氣苟調, 則彼麗乎天者, 不失其度, 降于地者, 必順其時, 風雲雷電, 皆囿於和氣矣, 此則理之常也.

剛下, 二氣感應以相與」라 하였다.

〔對〕上天之載는 無聲無臭하여 其理至微하고 其象至顯하니이다.

知此說者는 可與論天道也니이다. 今執事先生이 以至微至顯之道로

發爲問目하시니 欲聞窮格之說이니이다. 苟非學究天人者로선 烏能與

議於此歟리오! 愚는 請以平日所聞於先覺者로써 以復明問之萬一하리

이다. 竊謂萬化之本은 一陰陽而已니이다. 是氣動則爲陽하고 靜則爲

陰하니 一動一靜者는 氣也요 動之靜之者는 理也니이다. 凡有象於兩

間者는 或鍾五行之正氣焉하고 或受天地之乖氣焉하며 或生於陰陽之

相激하고 或生於二氣之發散이니이다. 是故로 日月星辰之麗乎天하고

雨雪霜露之降于地하며 風雲之起와 雷電之作이 莫非是氣也니이다.

其所以麗乎天하고 其所以降于地하며 風雲所以起하고 雷電所以作은

莫非是理也니이다. 二氣苟調하면 則彼麗乎天者가 不失其度하고 降于

地者가 必順其時하리니 風雲雷電은 皆囿於和氣矣니이다. 此則理之常

也니이다.

이기(二氣)가 조화를 이루지 못하면 그 운행이 절도를 잃고 그 발산이 때를 잃어서 풍운 뇌전(風雲雷電)이 모두 괴기(乖氣)에서 나오게 되는 것입니다.

이것이 곧 이(理)의 변(變)입니다.

그러나 인(人)은 천지의 마음입니다.

사람의 마음이 바르면 천지의 마음도 바르게 되고 사람의 기(氣)가 순하면 천지의 기(氣)도 또한 순해지는 것입니다.

그렇다면 이(理)의 상(常)과 변(變)을 그 가히 하나같이 천도(天道)에 맡길 것입니까? 저는 이에 대하여 아뢰고자 합니다.

홍몽(鴻濛)[1]이 처음으로 판별(判別)됨으로써 해와 달이 교대하여 밝으니 곧 해는 태양(太陽)[2]의 정(精)이요, 달은 태음(太陰)의 정(精)입니다.

양의 정은 빨리 운행하는 까닭에 하루에 하늘을 한 바퀴 돌고, 음의 정은 더디게 운행하는 까닭에 하루에 하늘을 다 돌지 못하는 것이니 양은 빠르고 음은 늦은 것은 기(氣)이며 음을 느리게 하고 양을 빠르게 하는 것은 곧 이(理)입니다.

저는 누가 그렇게 하는 것인지는 모릅니다. 그러나 자연히 그렇게 되는 것이라고 할 수 있을 따름입니다.

二氣不調, 則其行也失其度, 其發也失其時, 風雲雷電, 皆出於乖氣矣, 此則理之變也, 然而人者天地之心也, 人之心正, 則天地之心亦正, 人之氣順, 則天地之氣亦順矣, 然則理之常, 理之變者, 其可一委於天道乎, 愚, 請因是而白之, 曰: 自鴻濛初判, 而兩曜代明, 日爲大陽之精, 月爲大陰之精, 陽精疾運, 故一日而周

---

1) 홍몽(鴻濛): 아득하고 넓음. 곧 혼돈(混沌, 카오스)의 상태.
2) 태양(太陽): 역(易)에서 태극(太極)이 분리되어 양의(兩儀)가 생기며, 그 양의가 다시 사상(四象)으로 나뉘어 양(陽)의 지극한 부분을 태양, 적은 부분을 소양(少陽)이라 하며, 음도 역시 태음(太陰)과 소음(少陰)으로 나뉜다. 〈주역〉의 계사전(繫辭傳)에 「易有太極, 是生兩儀, 兩儀生四象, 四象生八卦」라 하였다. 본문의 大는 太와 같다.

天, 陰精遲運, 故一夜而不周, 陽速陰遲者, 氣也, 陰之所以遲, 陽
之所以速者, 則理也, 愚未知其孰使之然也, 不過曰自然而然爾.

읽기

二氣가 不調하면 則其行也는 失其度하고 其發也는 失其時하니이다.
風雲雷電은 皆出於乖氣矣니이다. 此則理之變也니이다. 然而人者는
天地之心也니 人之心正하면 則天地之心亦正이요 人之氣順하면 則天
地之氣亦順矣니이다. 然則理之常고 理之變者가 其可一委於天道乎리
오! 愚는 請因是而白之하리이다. 曰: 自鴻濛初判으로 而兩曜代明에는
日爲大陽之精하고 月爲大陰之精하여 陽精疾運하니 故로 一日而周天
하고 陰精遲運하니 故로 一夜而不周니이다. 陽速陰遲者는 氣也니 陰
之所以遲하고 陽之所以速者는 則理也니이다. 愚는 未知其孰使之然
也이나 不過曰自然而然爾이니다.

　해는 임금의 상징이요, 달은 신하의 상징입니다. 그 행동에 같은
도(道)로 하고 그 모임에 같은 절도(節度)로 합니다.
　그러므로 달이 해를 가리면 일식(日蝕)이 되고 해가 달을 가리면
월식(月蝕)이 되는 것입니다.
　저 달이 희미한 것은 오히려 변고가 되지 않으나 이 해가 희미해
진다면 음이 성(盛)하고 양이 쇠미한 것이 되어, 아래가 위를 넘어
서 대신하는 것이요, 신하가 임금을 거역하는 상(象)이 되는 것입니

다.

하물며 두 해가 함께 나오거나 두 달이 함께 나타나면 이는 비상(非常)한 변괴(變怪)로서 괴기(乖氣)가 그렇게 하지 않는 것이 없습니다.

저는 이것을 일찍이 옛날 일에서 찾아보았는데, 재앙과 변괴는 덕을 잘 닦은 치세에는 나타나지 아니하고, 일식과 월식은 모두 말세의 쇠퇴한 정치에서 나오기 때문에 하늘과 사람이 서로 교통하기 때문이라는 것을 이로써 알 수 있습니다.

지금 하늘이 푸른 것은 기(氣)가 쌓여 그러한 것일 뿐 본래의 색은 아닙니다.

진실로 성신(星辰)의 찬란함을 가히 기록할 수 없으면 천기의 운행은 거의 연구할 수 없습니다.

저 밝고 반짝이는 것은 각각 그 자리에 묶인 차례가 있는 것이며, 그 어느 것도 원기(元氣)가 운행하는 바가 아닌 것이 없습니다.

여러 별은 하늘을 따라 운행하며 스스로는 움직이지 못합니다. 그러므로 날〔經〕이라 하고, 오성(五星)은 때맞추어 각각 나타나서 하늘을 따라 운행하지 않습니다. 그 때문에 씨〔緯〕라 하는 것입니다.

하나는 정해진 차례가 있고 하나는 정해진 궤도가 없습니다.

그 대강을 말한다면 천(天)은 경(經)이 되고 오성(五星)은 위(緯)가 되는 것입니다.

그 자세한 것을 말하고자 하나 한 자밖에 되지 않는 이 종이에는 능히 다 적을 수가 없습니다.

日君象也, 月臣象也, 其行也同道, 其會也同度, 故月掩日而日
爲之蝕, 日掩月而月爲之蝕, 彼月而微, 則猶不爲變, 此日而微,
則陰盛陽微, 下陵上替, 臣逆君之象也, 而況兩日竝出, 兩月俱
見, 則其爲非常之變, 莫非乖氣之使然也, 愚, 嘗求諸古昔, 災異
之作, 不見於修德之治世, 而薄蝕之變, 咸出於叔季之衰政, 則天
人交與之際, 斯可知矣, 今夫天之蒼蒼, 氣之積也, 非正色也, 苟
非星辰之粲然可紀, 天機之運, 殆不可究矣, 彼昭昭耿耿, 各有躔
次者, 何莫非元氣之所運也, 衆星隨天行, 而不能自運, 故謂之
經, 五星隨時各現, 而不隨天行, 故謂之緯, 一則有常次, 一則無
常度, 言其大槩, 則天爲之經, 而王星爲緯矣, 欲言其詳, 則非盈
尺之紙所能盡矣.

日은 君象也며 月은 臣象也니이다. 其行也同道요 其會也同度하니

故로 月掩日而日爲之蝕하며 日掩月而月爲之蝕이니이다. 彼月而微하

면 則猶不爲變이요 此日而微하면 則陰盛陽微하여 下陵上替하고 臣逆

君之象也니이다. 而況兩日竝出하고 兩月俱見이면 則其爲非常之變으

로 莫非乖氣之使然也니이다. 愚는 嘗求諸古昔하되 災異之作이 不見

於修德之治世하되 而薄蝕之變은 咸出於叔季之衰政하니 則天人交與

之際를 斯可知矣니이다. 今夫天之蒼蒼은 氣之積也니 非正色也니이

다. 苟非星辰之粲然可紀이니 天機之運은 殆不可究矣니이다. 彼昭昭
耿耿이 各有躔次者는 何莫非元氣之所運也리오? 衆星隨天行하여 而
不能自運하니 故謂之經이요 五星隨時各現하여 而不隨天行하니 故謂
之緯니이다. 一則有常次하고 一則無常度니이다. 言其大槩하면 則天爲
之經하고 而五星爲緯矣니이다. 欲言其詳이면 則非盈尺之紙所能盡矣
니이다.

  별 중에 상서로운 것은 항상 나타나는 것이 아니며, 별 중에 변괴
스러운 것도 또한 늘 나타나는 것이 아닙니다.

  그러므로 경성(景星)은 반드시 밝은 세상에 나타나며 혜패(彗孛)
는 반드시 쇠한 시대에 나타납니다.

  우순(虞舜)[1] 시대엔 문(文)이 밝아서 경성이 이에 나타났고, 춘추
시대[2]엔 혼란하여 혜패가 이에 나타났던 것입니다.

  우순 시대처럼 다스려진 시대도 한 번만이 아니며 춘추 시대처럼
혼란한 때도 한 번만이 아니니, 어찌 가히 일일이 모두 진술할 수 있
겠습니까?

  만약 만물의 정기(正氣)가 위로 올라가 별이 되었다고 한다면 제
생각으로는 의혹스럽습니다. 별이 하늘에 있는 것은 오행의 정(精)
이 자연적으로 된 기(氣)입니다. 저는 어떤 물건의 정(精)이 어떤 별

---

1) 우순(虞舜): 제순유우씨(帝舜有虞氏), 즉 순(舜) 임금을 말한다. 이름은 중화(重華)이
   며 고수(瞽瞍: 장님)의 아들로서 포악한 아버지에게도 효제의 도를 다한 성인.
2) 춘추(春秋) 시대: 여기서는 춘추 전국 시대의 침벌과 혼란을 말한다.

이 되었다고 구체적으로는 모르나 팔준(八駿)[3]은 방성(房星)[4]의 정(精)이 되고 부열(傅說)[5]은 열성(列星)[6]이 되었다 하는 이런 유(類)는 소위(所謂) 산하대지(山河大地)가 그림자를 벽락(碧落)[7]에 보낸다는 말과 무엇이 다르겠습니까? 이는 선비가 믿을 바가 못 됩니다.

별은 기(氣)로써 생긴 것이며 허(虛)하나 엉긴 것입니다. 그 중에 혹은 음기가 응결치 못하고 혹 떨어져 돌이 되고 언덕이 되기도 한다고 저는 소자(邵子)[8]에게 들었을 뿐, 물(物)의 정기가 별이 되었다는 것은 듣지 못하였습니다.

또 무릇 천지에 가득 차 있는 것은 기(氣)가 아닌 것이 없으니 음기가 응취(凝聚)되어 밖에 있는 양(陽)의 것이 들어가지 못하면 곧 돌아서 바람이 되는 것입니다. 만물의 기(氣)는 비록 간(艮)[9]에서 나와 곤(坤)[10]으로 들어가며, 음기가 모인 것이 정한 곳이 없으면 양도 흩어져서 방향을 잡지 못한다 했으나, 큰 땅덩어리가 기(氣)를 불러일으키는 것이 어찌 한 방향이만 얽매이겠습니까?

---

3) 팔준(八駿): 주(周) 목왕(穆王)이 타고 다니던 명마(名馬).

4) 방성(房星): 28수(宿) 중의 하나. 팔준다가 하늘에 올라 되었다고 한다. 〈진서(晋書)〉 천문지(天文志)에 「房四星爲明堂, 天子布政之宮也」라 하였다.

5) 부열(傅說): 은(殷)나라 무정(武丁: 즉 高宗)을 보필한 명신. 「說」은 「열」로 읽음. 부열은 승천하여 진미성(辰尾星)이 되었고 동방삭은 인간 세계에 내려오느라 자신의 세성(歲星) 자리를 잃게 되었다 한다. 〈박물지(博物志)〉 권 9에 「神仙傳曰: 說上據辰尾爲宿, 歲星星降爲東方朔. 傅說死後有此宿, 東方生無歲星」이라 하였다.

6) 열성(列星): 여러 별. 〈순자(荀子)〉 천론(天論)에 「列星隨旋」, 그 주(注)에 「列星, 有列位者, 二十八宿也」라 하였다.

7) 벽락(碧落): 하늘. 태공(太空) 또는 벽공(碧空), 벽천(碧天). 〈도인경(度人經)〉에 「東方第一天, 有碧霞遍滿, 是云碧落」이라 하였다.

8) 소자(邵子): 소옹(邵雍, 1011~1077). 강절(康節) 선생. 송대(宋代) 이학(理學)의 대가.

9) 간(艮): 주역의 괘. 방향으로 동북쪽. 〈주역(周易)〉 설괘전(說卦傳)에 「艮, 東北之卦也, 萬物之所成終而所成始也」라 하였다.

10) 곤(坤): 주역의 제2괘. 땅을 상징.

동방에서 일어난 것은 장양지풍(長養之風)[11]이 되니 이는 동쪽에
서 시작되는 것이요, 서방에서 일어나는 것은 숙살지풍(肅殺之風)[12]
이 되는 것이니 이는 가히 서쪽에서 시작된다 할 것입니다.

탱자나무에 둥우리를 짓고 빈 구멍에 바람이 불고 하는 것은 그
구멍이 시작이라 할 것입니다!

星之爲瑞者, 旣不常現, 星之爲變者, 亦不常出, 故景星必現於
昭代, 妖彗必孛於衰世, 虞舜文明, 景星斯現春秋昏亂, 彗孛斯
作, 治若虞舜者, 非一代, 亂若春秋者, 亦非一代, 安可一一歷陳
歟, 若曰萬物之精, 上爲列星, 則愚竊惑焉, 星辰之在天者, 五行
之精而自然之氣也, 愚未知某物之精, 乃爲某星也, 八駿之爲房
精, 傅說之爲列星, 若此之類, 與所謂山河大地送影碧落之說, 何
異哉, 此非儒者之所信也, 星之爲氣, 虛而凝者也其或陰氣未結,
或隕而爲石, 墜而爲丘阜者, 愚聞之邵子焉, 不聞物精之爲星也,
且夫盈天地間者, 莫非氣也陰氣有所凝聚, 而陽之在外者, 不得
入, 則周旋而爲風萬物之氣, 雖曰出於艮入於坤, 而其陰之聚者
無定所, 則陽之散也亦無方焉, 大塊噓氣者, 豈可拘於一方耶, 起
於東者爲長養之風, 則其可以東方爲始耶, 起於西者爲肅殺之風,
則其可以西方爲始耶, 枳句來巢空穴來風則其可以空穴爲始耶.

---

11) 장양지풍(長養之風): 자라게 하고 길러주는 바람. 동풍의 조화를 뜻한다.
12) 숙살지풍(肅殺之風): 숙연하게 하여 살벌한 바람. 가을 바람의 조화를 뜻한다.

星之爲瑞者는 旣不常現이요 星之爲變者도 亦不常出이니이다. 故景
星必現於昭代하고 妖彗必孛於衰世니이다. 虞舜文明하여 景星斯現하
고 春秋昏亂하여 彗孛斯作이니이다. 治若虞舜者가 非一代요 亂若春
秋者도 亦非一代로되 安可一一歷陳歟리오? 若曰萬物之精이 上爲列
星이면 則愚竊惑焉이니이다. 星辰之在天者는 五行之精而自然之氣也
니이다. 愚는 未知某物之精이 乃爲某星也니이다. 八駿之爲房精하고
傅說之爲列星하니 若此之類면 與所謂山河大地迻影碧落之說과 何
異哉리오? 此非儒者之所信也니이다. 星之爲氣는 虛而凝者也니이다.
其或陰氣未結하고 或隕而爲石하여 墜而爲丘阜者니이다. 愚는 聞之邵
子焉하되 不聞物精之爲星也니이다. 且夫盈天地間者가 莫非氣也이니
陰氣有所凝聚하여 而陽之在外者가 不得入이면 則周旋而爲風하니이
다. 萬物之氣가 雖曰出於艮入於坤이라 하나 而其陰之聚者는 無定所
하면 則陽之散也가 亦無方焉이니이다. 大塊噫氣者가 豈可拘於一方耶
리오? 起於東者가 爲長養之風하니 則其可以東方爲始耶요! 起於西者
가 爲肅殺之風하니 則其可以西方爲始耶오! 枳句來巢空穴來風하니
則其可以空穴爲始耶니이다!

정자(程子)[1]의 말에 "지금 세상의 우레는 일어날 자리에서 일어난

다"고 했는데 저도 그렇게 여깁니다.

바람이 살랑살랑 부는 것은 기(氣)에 부딪혀서 일어나는 것이며 기(氣)가 쉬면 그치는 것이어서, 처음엔 출입(出入)이 없는 것입니다.

태평 성대에는 음양의 기운이 잘 펴져서 맺히지 않으므로 흩어질 때 반드시 화(和)하고 불어도 나뭇가지를 울리지 않으며 세도(世道)가 이미 쇠미했을 때는 음양의 기(氣)가 얽혀서 펴지지 못하므로 흩어질 때에 반드시 격렬해서 나무를 꺾고 집을 뽑는 것입니다.

소녀같이 고운 바람은 바로 화(和)하게 흩어지는 것이요, 태풍은 격렬하게 흩어지는 것입니다.

성왕(成王)[2]이 한 번 잘못 생각함에 대풍이 벼를 눕혔고, 주공(周公)이 몇 년 동안의 교화(敎化)로 바다에 파도가 잔잔했으니,[3] 바로 그 기(氣)가 그렇게 한 것이며 역시 인사(人事)로 말미암아 된 것입니다.

만약 산천의 기(氣)가 상승하여 구름이 된다면 휴구(休咎)의 징조가 이로 말미암아 나타날 것이니 선왕이 영대(靈臺)[4]를 설치하여 운물(雲物)을 살펴 길흉(吉凶)의 징조를 상고하였습니다.

대개 휴구(休咎)[5]의 일어남은 일을 저지른 날 바로 나타나는 것이

---

1) 정자(程子): 송대(宋代) 대유학자인 정호(程顥, 1032~1085), 정이(程頤, 1033~1107) 두 형제를 아울러 이정자(二程子)라 한다.

2) 성왕(成王): 주(周)나라 무왕(武王)의 아들. 어려서 왕이 되어 주공의 보필을 받았다.

3) 주공(周公): 이름은 단(旦). 주나라 성왕(成王)을 보필한 성인. 무왕(武王)의 동생이며 성왕의 삼촌. 〈십팔사략(十八史略)〉에 월상씨(越裳氏)가 찾아와 주공에게 「天無烈風淫雨, 海不揚波三年矣, 意者中國有聖人乎!」라고 하였다.

4) 영대(靈臺): 고대 천문 기상을 관찰하던 누각. 〈시경(詩經)〉 영대편(靈臺篇) 정현(鄭玄)의 전(箋)에 「天子有靈臺者, 所以觀祲象察氣之妖祥也」라 하였다.

5) 휴구(休咎): 휴(休)는 길(吉)과 같으며 구(咎)는 흉(凶)과 같다. 길흉, 혹은 화복(禍福)

아니고 반드시 징조를 나타내는 것이므로, 구름이 희면 반드시 백성이 흩어지게 되고 구름이 푸르면 반드시 곡식을 해치는 벌레의 피해가 생깁니다. 구름이 검으면 어찌 수재의 피해가 아니겠으며, 또한 붉은 구름엔 어찌 전쟁의 징조가 아니겠습니까? 누런 구름은 풍년이 들 상서로운 징조이니 이는 곧 기(氣)가 먼저 나타내는 것입니다.

만약 연기도 안개도 아니면서 욱욱(郁郁)하고 분분(紛紛)하며 소산(蕭散)히 아른거리는 아지랭이가 있다면 이는 특히 지극히 화(和)한 기운을 얻은 것으로서 성왕(聖王)의 서조(瑞兆)가 되는 것이니, 그야말로 경운(慶雲)입니다.

진실로 백성에게 재물을 쌓고 노여움을 풀어주는 덕이 없다면 이런 구름이 나타나기 어렵습니다. 그 어찌 수(水), 토(土)의 가볍고 맑은 기(氣)가 한갓 강아지의 옷 없이 사는 은혜에 비교하겠습니까?

程子之言曰, 今歲之雷起處起, 愚亦以爲, 調調刁刁者觸氣而起, 氣息而止, 初無出入也, 盛治之世, 陰陽之氣, 舒而不結, 故其散也必和, 而吹不鳴條, 世道旣衰, 陰陽之氣, 鬱而不舒, 故其散也必激, 而折木拔屋, 少女則和而散者也, 颶母則激而散者也, 成王一念之失, 大風偃禾, 周公數年之化, 海不揚波, 其氣之使然者, 亦由於人事也, 若山川之氣上升爲雲, 則休咎之徵, 因此可見, 先王設靈臺候雲物, 于以考吉凶之兆焉, 蓋休咎之作, 不作於

과 같은 뜻이다.

作之日, 必有所由兆, 故雲之白, 則必有流散之民, 雲之靑, 則必
有害穀之蟲, 黑雲豈不爲水災之兆, 赤雲豈不爲兵革之徵乎, 黃
雲則歲稔之祥也, 此乃氣之先見者耳, 若其非煙非霧, 郁郁紛紛
蕭散漂藹獨得至和之氣, 而爲聖王之瑞者, 則其惟慶雲乎, 苟無
阜財解慍之德, 則難乎致此矣, 豈爲水土輕淸之氣, 徒爲衣狗之
比者哉.

읽기

程子之言曰:『今歲之雷起處起』라 하니 愚亦以爲니이다. 調調刁刁
者는 觸氣而起로 氣息而止하여 初無出入也니이다. 盛治之世엔 陰陽
之氣가 舒而不結하니 故로 其散也必和하고 而吹不鳴條하며 世道旣衰
엔 陰陽之氣가 鬱而不舒하여 故로 其散也必激하여 而折木拔屋하니
少女則和而散者也요 颶母則激而散者也니이다. 成王이 一念之失하니
大風偃禾하고 周公이 數年之化하니 海不揚波니이다. 其氣之使然者는
亦由於人事也니이다. 若山川之氣가 上升爲雲하면 則休咎之徵이 因
此可見이니이다. 先王이 設靈臺候雲物함은 于以考吉凶之兆焉이니이
다. 蓋休咎之作은 不作於作之日하고 必有所由兆니이다. 故雲之白하
면 則必有流散之民하고 雲之靑하면 則必有害穀之蟲이니이다. 黑雲이
豈不爲水災之兆며 赤雲豈不爲兵革之徵乎리오? 黃雲則歲稔之祥也
니이다. 此乃氣之先見者耳니이다. 若其非煙非霧하고 郁郁紛紛蕭散漂

靄, 獨得至和之氣하여 而爲聖王之瑞者하니 則其惟慶雲乎리오? 苟無
阜財解慍之德이면 則難乎致此矣니이다. 豈爲水土輕淸之氣가 徒爲衣
狗之比者哉리오!

안개는 음기(陰氣)가 아직 새지 못하고 김이 막혀 있는 상태입니다.

물(物) 중에 음(陰)이 뭉쳐진 것도 안개를 내게 하는데 대개 산천의 젖은 기(氣)가 그것입니다. 그 붉은 것은 전쟁의 기상이요 푸른 것은 재얼(災孽)이 되니 음의 성한 징조가 아닌 것이 없습니다.

왕망(王莽)[1]이 왕위를 찬탈하자 누런 안개가 사방을 메웠으며, 천보(天寶)의 난(亂)[2] 때엔 큰 안개가 낮을 어둡게 했으며, 한 고조(漢高祖)[3]가 백등(白登)[4]에서 포위당했을 때와 문산(文山)[5]이 시시(柴市)[6]에서 죽을 때엔 큰 바람에 흙먼지가 날리며 하늘이 캄캄해졌습

---

1) 왕망(王莽): 서한(西漢) 말기 한(漢)을 찬탈하고 신(新)을 세웠던 인물. 애제(哀帝)가 죽자 평제(平帝)를 세운 뒤 정권을 독단하그 끝내 평제(平帝)를 시살하고 스스로 왕위에 올라 국호를 신(新)이라 칭하였다. 그 후 후한(後漢, 곧 東漢)의 광무제(光武帝)에게 패하여 두오(杜吳)에게 사살되었다. 신망(新莽)이라고도 한다.

2) 천보란(天寶亂): 천보(당 현종 때의 연호) 때 현종과 양귀비의 일 등으로 일어난 안녹산(安祿山)의 난을 가리킨다.

3) 한 고조(漢高祖): 한나라를 세운 유방(劉邦).

4) 백등(白登): 산 이름. 지금의 산서성(山西省) 대동현(大同縣). 한 고조가 일찍이 흉노(匈奴)를 치다가 이곳에서 7일간 포위를 당하였었다.

5) 문산(文山): 문천상(文天祥)을 가리킨다. 자(字)는 이선(履善), 호는 문산(文山). 송(宋) 이종(理宗) 때에 진사가 되어 원(元)이 침입하자 군사를 모아 대적, 그 후 포로가 되어 항복을 종용받았으나 「정기가(正氣歌)」를 짓고 순절했다. 저서에 〈문산집(文山集)〉과 〈문산시집(文山詩集)〉이 있다.

6) 시시(柴市): 지명. 지금의 북경(北京)에 있다. 지원(至元, 元의 연호) 19년(1282)에 송

니다.

혹 신하가 임금과 윗사람을 반역한다거나 이적(夷狄)[7]이 중국을 침범하게 되면 모두 이와 같은 일이 일어남을 유추(類推)할 수 있습니다.

만약 양기가 발산한 이후에 음기가 양기를 감싸버려 나올 수가 없게 되면 분격(奮擊)해서 우레와 번개가 되는데, 그 까닭으로 우레와 번개는 반드시 봄여름에 나니 이는 곧 천지(天地)의 노기(怒氣)입니다.

빛이 번쩍번쩍하는 것은 양기가 발해서 번개가 된 것이요, 소리가 우르릉하는 것은 이기(二氣)가 서로 부딪혀 우레가 된 것입니다.

옛 선비들이 "우레와 번개는 음양의 정기(正氣)이니 혹은 벌레를 놀라게도 하며 혹은 사악(邪惡)을 치기도 한다"라 했으니, 사람도 진실로 사기(邪氣)를 모아 가진 경우가 있고 물체에도 또한 사기(邪氣)가 붙어 있는 경우가 있기 때문이니, 정기가 사기(邪氣)를 진동시키는 것도 역시 그 이(理)인 것입니다.

공자께서도 급한 천둥에 반드시 얼굴빛을 변한 것[8]은 이 때문인데, 하물며 벼락을 쳐야 할 곳에 침에 있어서이겠습니까?

예를 들면 상(商)나라 때의 무을(武乙)[9]이라든지 노(魯)나라의 이백(夷伯)[10]의 사당 같은 데 있었던 사건은 이러한 이(理)가 아니라고

(宋)나라 문천상(文天祥)이 여기에서 순절. 명나라 초기에 이곳에 문승상사(文丞相祠)를 세웠다.

7) 이적(夷狄): 중국이 고대 사방의 이민족을 낮추어 부르던 말. 흔히 동이(東夷), 서융(西戎), 남만(南蠻), 북적(北狄)이라 한다.

8) 〈논어(論語)〉 향당편(鄕黨篇)에 공자(孔子)가 「迅雷風烈必變」하였다 한다.

9) 무을(武乙): 은나라 때의 폭군. 벼락을 맞아 죽었다. 〈사기(史記)〉 은본기(殷本紀)에 「帝武乙無道, 爲偶人謂之天神, 與之博. 令人爲行, 天神不勝, 乃僇辱之, 又爲革囊盛血, 仰以射之, 命曰射天, 後獵於河渭之間, 暴雷震死」라 하였다.

말할 수는 없습니다.

만약 이르길, 반드시 어떤 물체가 있어 그 자루를 잡고 이를 주재하는 것이라고 한다면 너무 천착(穿鑿)하는 데 가깝습니다.

또 양기가 펴질 때에 이슬이 내려 만물을 윤택하게 하는 것은 구름의 젖은 기운이요, 음기가 참혹할 때에 서리가 내려 초목을 죽이는 것은 이슬이 맺혀서 되는 것입니다.

〈시경(詩經)〉에 "갈대는 푸르고 푸른데 흰 이슬은 서리가 되네"[11]라고 한 것은 이를 두고 한 말입니다.

혹시 음기가 너무 성하면 서리가 내려도 때를 맞추지 못하고 위주(僞周)[12]가 임조(臨朝)한다든지 음양(陰陽)이 역위(易位)한다든지 하면 남월(南越) 같은 지극히 더운 땅에도 6월에 서리가 내리게 되니, 생각컨대 8황(八荒)[13] 모두가 음려(陰沴)[14]의 기(氣)에 갇혀 있었던 것입니다.

무씨(武氏)[15]의 일은 말하려고 든다면 길어집니다.

---

10) 노지이백(魯之夷伯): 춘추 시대 노나라 대부(大夫)인 이백(夷伯)의 사당에서 일어난 사건. 〈좌전(左傳)〉 희공(僖公) 15년에 「震夷伯之廟, 罪之也. 於是展氏有隱慝焉」이라 하였다.

11) 〈시경(詩經)〉 태풍(泰風) 겸가편(蒹葭篇)의 구절.

12) 위주(僞周): 가짜 주대. 주(周)나라를 정통으로 보고 이를 빗대어 나라 이름을 정한 경우를 뜻한다. 무측천(武則天)의 주(周)나라 등이 그 예라 할 수 있다.

13) 팔황(八荒): 팔극(八極), 즉 우주. 〈설원(說苑)〉 변물(辨物)에 「八荒之內有四海, 四海之內有九州, 天子處中州而制八方耳」라 하였다.

14) 음려(陰沴): 음습하고 요기스러움.

15) 무씨(武氏): 무측천(武則天), 즉 당나라 때의 측천무후(則天武后, 624~705)를 가리킨다. 당 고종의 황후로 성은 무(武)씨. 고종이 죽은 후 중종(中宗)·예종(睿宗)을 폐하고 690년에 스스로 제위에 올라 국호를 주(周)로 고치고 측천 문자를 만드는 등 권력을 휘둘러 나라를 혼란에 빠뜨렸다.

霧者, 陰氣未洩而蒸鬱者耳, 物之鍾陰者, 亦能生霧, 蓋山川之
沴氣也, 其赤而爲兵象, 靑而爲災孽者, 莫非陰盛之徵也, 莽賊僭
位, 黃霧四塞, 天寶亂政, 大霧晝昏, 與夫高皇帝白登之圍, 文山
柴市之死, 咸致陰霾, 或以臣下叛君上, 或以夷狄侵中國, 則若此
者, 皆可類推也, 至若陽氣發散之後, 陰氣包陽而陽不得出, 則奮
擊而爲雷霆, 故雷霆之作, 必以春夏, 此天地之怒氣也, 光之燁
燁, 則陽氣發而爲電, 聲之虢虢, 則二氣相薄而爲雷, 先儒氏曰,
雷霆, 陰陽之正氣也, 或以驚蟄, 或以擊邪, 人固有邪氣之所鍾
者, 物亦有邪氣之所寓者, 正氣之震乎邪氣, 亦其理也, 孔子迅
雷, 必變者, 良以此也, 而況當震而震者, 若商之武乙, 魯之夷伯
之廟, 則不可謂無是理也, 若曰必有一物操其柄, 而主張之者, 則
近於鑿矣, 且若陽舒之時, 露以潤物者, 雲之澤也, 陰慘之際, 霜
以殺草者, 露之結也, 詩不云乎, 蒹葭蒼蒼, 白露爲霜, 此之謂也,
其或陰氣極盛, 則霜之隕也, 或不以時, 僞周臨朝, 陰陽易位, 南
越極暖之地, 而六月降霜, 想必八荒, 都圍於陰沴之氣矣, 武氏之
事, 所可道也, 言之長也.

霧者는 陰氣가 未洩而蒸鬱者耳니이다. 物之鍾陰者도 亦能生霧하니

蓋山川之沴氣也니이다. 其赤而爲兵象하고 靑而爲災孽者하니 莫非陰

盛之徵也니이다. 莽賊僭位함에 黃霧四塞하고 天寶亂政에 大霧晝昏하

며 與夫高皇帝白登之圍와 文山柴市之死에 咸致陰霾니이다. 或以臣

下叛君上하고 或以夷狄侵中國하면 則若此者이니 皆可類推也니이다.

至若陽氣發散之後에 陰氣包陽而陽不得出이면 則奮擊而爲雷霆하니

故로 雷霆之作은 必以春夏하니 此天地之怒氣也니이다. 光之燁燁하면

則陽氣發而爲電이요 聲之虩虩하면 則二氣相薄而爲雷니이다. 先儒氏

曰하되 『雷霆은 陰陽之正氣也』라 하니 或以驚蟄하고 或以擊邪니이다.

人固有邪氣之所鍾者하고 物亦有邪氣之所寓者하니 正氣之震乎邪氣

도 亦其理也니이다. 孔子는 迅雷에 必變者하니 良以此也니이다. 而況

當震而震者리오! 若商之武乙과 魯之夷伯之廟는 則不可謂無是理也

니이다. 若曰必有一物操其柄하여 而主張之者라면 則近於鑿矣니이다.

且若陽舒之時에 露以潤物者는 雲之澤也니이다. 陰慘之際에 霜以殺

草者는 露之結也니이다. 詩不云乎아? 『蒹葭蒼蒼하니 白露爲霜』이라

하니 此之謂也니이다. 其或陰氣極盛하면 則霜之隕也니이다. 或不以時

하여 僞周臨朝하면 陰陽易位하니 南越極暖之地로되 而六月降霜은 想

必八荒이 都圍於陰沴之氣矣니이다. 武氏之事는 所可道也니 言之長

也니이다.

　　비와 이슬은 모두 구름에서 나오는 것으로서 많이 젖은 것은 비가
되고 적게 젖은 것은 이슬이 됩니다

음양이 서로 교합(交合)되면 이에 비가 내리고, 혹 구름이 빽빽한
데도 비가 내리지 않는 것은 상하가 교합되지 않았기 때문입니다.

홍범(洪範)[1]에 이르기를 "황제(皇帝)가 지극하지 않으면 그 벌로
항상 음(陰)하게 한다"고 하였으니 이를 말한 것입니다.

또한 양이 한끝까지 오르면 가물고 음이 성(盛)하면 물이 되나니
반드시라면 음양이 조화한 연후에 비로소 비 오거나 맑거나 하는 것
이 때를 맞추는 것입니다. 무릇 신농(神農) 같은 성인(聖人)이 밝은
세상에 처하였을 때엔 맑기를 바라면 맑아지고 비를 원하면 비가 내
리니 진실로 의당한 것입니다.

성왕(聖王)이 백성에게 임하면 천지가 태평을 교합(交合)해서 닷
새에 한 번씩 바람이 불고 열흘에 한 번씩 비가 내리니 그 또한 상
(常)입니다.

이와 같은 덕이 있으면 반드시 이와 같은 응답이 있는 것이니, 어
찌 천도가 사사롭게 두터이 함이 있다 하겠습니까?

무릇 원기(寃氣)란 것은 가뭄을 부르는 이유가 됩니다. 그러므로
한 여자만 원한을 품어도 오히려 붉은 땅을 만드나니 무왕(武王)이
은(殷)[2]을 멸한 것은 족히 천하의 원기(寃氣)를 소멸시켰다 할 수
있으며, 안진경(顔眞卿)[3]이 옥사(獄事)를 판결한 것은 족히 한 구석

---

1) 홍범(洪範): 〈서경(書經)〉의 편명(篇名). 서경의 서문에 의하면 기자(箕子)가 천지의
   법도를 밝히기 위해서 지었다고 한다. 〈서경(書經)〉에 「武王勝殷, 殺受, 立武庚, 以箕子
   歸, 作洪範」이라 했고, 그 전(傳)에는 「洪, 大; 範, 法也, 言天地之大法」이라 하였다. 그
   리고 소(疏)에는 「箕子爲陳天地之大法, 敍述其事, 作洪範」이라 하였다.
2) 武王滅殷: 주(周)의 무왕(武王, 發)이 은(殷)의 주(紂)를 멸한 일.
3) 안진경(顔眞卿): 당(唐)대의 명신이며 명필. 자(字)는 청신(淸臣). 특히 초서(草書)에
   능했으며 평원 태수(平原太守) 때 안녹산의 반란을 맞아 기병 토적(起兵討賊)하였다.
   뒤에 노군공(魯郡公)에 봉해졌을 때 이포열(李布烈)이 반란을 꾀하자 직접 가서 달랬
   다. 포열이 오히려 항복을 협박하자 굴하지 않고 해를 입었다. 시호는 문충(文忠). 문집
   에 〈안로공집(顔魯公集)〉이 있다.

의 원기(寃氣)를 해소(解消)했다 이를 것입니다.

　단비가 너무 오래 내리는 것은 괴이(怪異)한 일이 아닙니다. 하물며 태평 성세에는 본래 필부필부(匹夫匹婦)도 그 은택을 입지 않는 자가 없으니, 만약 무릇 아주 츠운 때에 천지가 비록 꽉 막혔다 해도 이기(二氣)는 교화(交和)하지 아니할 수가 없어 비가 엉겨서 눈꽃이 되는 것입니다. 이는 대개 음기(陰氣)가 그렇게 하는 것입니다.

雨露皆出於雲, 而澤之盛者爲雨, 澤之微者爲露, 陰陽相交斯乃下雨, 或密雲不雨者, 上下不交也, 洪範傳曰皇之不極, 厥罰常陰者, 其斯之謂乎, 且陽亢則旱, 陰盛則水, 必也陰陽和調然後, 雨暘適時, 夫以神農之聖, 處淳照之世, 曰暘而暘, 曰雨而雨, 固其宜也, 聖王臨民, 天地交泰, 五日一風十日一雨, 亦其常也, 有如此之德, 則必有如此之應矣, 天道豈有私厚歟, 夫寃氣者, 招旱之由也, 是故一女懷寃, 尚至赤地, 則武王之克殷, 足以消天下寃氣矣, 眞卿之決獄, 足以消一隅之寃氣矣, 甘雨之霪不足怪矣, 而況太平之世, 本無匹夫匹婦之不被其澤乎, 若夫隆寒之時, 天地雖已閉塞, 而二氣亦不得不交, 故雨澤之凝爲雪花, 蓋陰氣使然也.

雨露皆出於雲하여 而澤之盛者는 爲雨하고 澤之微者는 爲露니이다.

陰陽相交하면 斯乃下雨니 或密雲不雨者는 上下不交也니이다. 洪範

傳曰:『皇之不極하니 厥罰常陰』者는 其斯之謂乎인저! 且陽亢則旱하고 陰盛則水하니 必也陰陽和調然後에 雨暘適時니이다. 夫以神農之聖에 處淳照之世는 曰暘而暘하고 曰雨而雨하니 固其宜也니이다. 聖王臨民하고 天地交泰하면 五日一風하고 十日一雨하니 亦其常也니이다. 有如此之德이면 則必有如此之應矣니이다. 天道豈有私厚歟리오? 夫冤氣者는 招旱之由也니 是故로 一女懷冤하고 尙至赤地이니 則武王之克殷은 足以消天下冤氣矣요 眞卿之決獄은 足以消一隅之冤氣矣니이다. 甘雨之霑는 不足怪矣온대 而況太平之世에 本無匹夫匹婦之不被其澤乎리오! 若夫隆寒之時라면 天地雖已閉塞이라도 而二氣亦不得不交하니 故로 雨澤之凝爲雪花하니 蓋陰氣使然也니이다.

   초목의 꽃은 기(氣)의 양(陽)을 받았기 때문에 다섯 잎이니 5는 양(陽)의 수(數)요, 눈꽃은 기의 음을 받았기 때문에 유독 여섯 각이니 6은 음의 수입니다.

   이 역시 억지로 그렇게 하라고 해서 된 것이 아닙니다.

   원안(袁安)[1]이 문을 닫은 것이나 구산(龜山)[2]이 뜰에 서 있었던

---

1) 원안(袁安): 동한(東漢) 때의 충신. 자는 소공(邵公). 젊을 때 낙양에 폭설이 내려 사람들이 모두 나와서 걸식을 할 때 홀로 문을 닫고 나오지 않았다. 낙양령이 그의 집에 와서 이야기 끝에 어짊을 알고 효렴으로 천거하여 임성(任城)의 영(令)을 맡겼다. 화제(和帝) 때 두씨(竇氏)가 정권을 농락하자 아부하지 않고 홀로 버텼다.

2) 구산(龜山): 송대(宋代) 양시(楊時, 1053~1135)를 가리킨다. 자(字)는 중립(中立). 이정(二程)에게 학문을 배웠다. 뒤에 복건(福建)의 귀화현(歸化縣) 구산(龜山)에 은거하여 구산 선생이라 칭한다. 저서에 〈이정수언(二程粹言)〉·〈구산집(龜山集)〉 등이 있으

것이나 난한지회(暖寒之會)[3]나 산음지흥(山陰之興)[4] 같은 것이라면 혹시 고요를 지키는 즐거움이나 도를 찾는 정성이 있다거나 호사(豪奢)한 데서 나온 것이라거나 방달(放達)한 데서 나왔다 할지라도, 천도(天道)와 무관했다면 어찌 족히 금일(今日)의 애깃거리가 되겠습니까?

또 우박이라는 것은 지독한 기운[戾氣]에서 나오게 되는 것으로 음기가 양기를 협박하기 때문에 그것이 나타나면 물체에 해를 끼치게 됩니다.

옛일을 계고(稽考)해 본다면, 큰 것은 말 머리만하고 작은 것은 달걀만해서 사람을 다치게 하고 짐승을 죽였다고 하며 혹은 전쟁이 심한 세상에 일어났으며 혹은 화를 지은 임금을 경고하기 위해 일어났으니 그것은 족히 역대의 경계가 됩니다. 자세히 진술하지 아니해도 추측해서 가히 알 수 있습니다.

오호라! 한 기(氣)가 운행하여 만 가지 다른 것이 나타나니 나누어서 이를 말한다면 천지만상(天地萬象)이 각각 한 기(氣)요, 합해서 말한다면 천지만상(天地萬象)이 동일(同一)한 기(氣)입니다.

오행의 바른 것이 모인 것은 기(氣)로서 바로 일(日)·월(月)·성신(星辰)이 되는 것이요, 천지에 지독한 기(氣)를 받은 것은 흙먼지 비와 안개와 우박·우레·번개·천둥이 되는 것입니다.

며 시호는 문정(文靖).

3) 난한지회(暖寒之會): 겨울에 추위를 덜기 위해 마시는 술의 모임. 〈관원천보유사(關元天寶遺事)〉에 「王元寶每大雪, 令僕自門巷掃雪爲逕, 以迎賓具會爲暖寒」이라 했다.

4) 산음지흥(山陰之興): 왕희지가 난정(蘭亭)에 모여서 계사(禊事)를 닦으며 맛본 흥. 그의 〈난정서(蘭亭序)〉에 「永和九年, 歲在癸丑暮春之初, 會于會稽山陰之蘭亭, 修禊事也」라 했다. 혹은 왕자유(王子猷)의 고사를 말하는 것이 아닌가 한다. 이 책 「경포대부(鏡浦臺賦)」(冬부분의 주 19)를 참조할 것.

이상은 이기(二氣)가 서로 격돌해서 생기는 현상이요, 바람·구름·비·이슬은 이기(二氣)가 상합(相合)해서 생기는 것입니다. 나뉘 보면 서로 다르나 그 이(理)는 하나입니다.

草木之花, 受氣之陽, 故多五, 出五者陽數也, 雪花受氣之陰, 故獨六, 出六者陰數也, 此亦莫之爲而然耳, 若袁安之閉戶, 龜山之立庭, 暖寒之會, 山陰之興, 則或有守靜之樂, 或有訪道之誠, 或出於豪奢, 或出於放達, 皆不關於天道, 則何足爲今日道哉, 且電者, 戾氣之所出也, 陰氣贅陽, 故其發也害於物, 稽於往古, 則大如馬頭, 小如鷄卵, 傷人殺獸者, 或出於黷武之世, 或警于基禍之主, 則其爲足戒於歷代者, 不必縷陳而推此可知矣, 嗚乎, 一氣運化, 散爲萬殊, 分而言之, 則天地萬象, 各一氣也, 合而言之, 則天地萬象, 同一氣也, 鍾五行之正氣者, 爲日月星辰, 受天地之戾氣者, 爲陰霾霧雹雷電霹靂, 則出於二氣之相激, 風雲雨露, 則出於二氣之相合, 其分雖殊, 其理則一也.

草木之花는 受氣之陽이니 故多五니이다. 出五者는 陽數也니이다. 雪花는 受氣之陰하니 故로 獨六이요 出六者는 陰數也니이다. 此亦莫之爲而然耳니이다. 若袁安之閉戶와 龜山之立庭과 暖寒之會와 山陰之興은 則或有守靜之樂하며 或有訪道之誠하며 或出於豪奢하며 或

出於放達하니 皆不關於天道면 則何足爲今日道哉리오! 且雹者는 戾
氣之所出也니이다. 陰氣脅陽하니 故로 其發也害於物이니이다. 稽於往
古컨대 則大如馬頭하고 小如鷄卵하여 傷人殺獸者는 或出於黷武之世
하고 或警于基禍之主이니 則其爲足戒於歷代者는 不必縷陳而推此可
知矣니이다. 嗚乎라. 一氣運化하여 散爲萬殊하되 分而言之하면 則天
地萬象이 各一氣也니이다. 合而言之하면 則天地萬象이 同一氣也니이
다. 鍾五行之正氣者는 爲日月星辰하고 受天地之戾氣者는 爲陰霾霧
雹雷電霹靂하니 則出於二氣之相激하고 風雲雨露하면 則出於二氣之
相合하니이다. 其分雖殊나 其理則一也니이다.

    집사(執事)께서 편(篇)의 끝에 또 가리켜 말하되 "천지를 자리잡게 하고 만물을 기르는 그 도는 어디에 말미암는가"라 하셨는데 저의 생각은 이 말에 깊은 뜻을 느낍니다.

    제가 듣기로는 "임금이 그 마음을 바르게 가지면 조정이 바르게 되고 조정이 바르게 되면 사방이 바르게 되고 사방이 바르게 되면 천지의 기(氣)가 역시 바르게 되는 것이다"라 하였습니다.

    또 듣기로는 "마음이 화(和)하면 몸이 화해지고 몸이 화해지면 기(氣)가 화해지고, 기가 화해지면 천지의 화(和)가 이에 응한다"라고 하였으니, 천지의 기(氣)가 이미 바르게 되면 일월에 어찌 일식·월식이 일어나고 성신(星辰)에 어찌 그 질서를 잃음이 있겠으며, 천지의 기가 이미 화했다면 우레·번개·천둥이 어찌 그 위성(威聲)을

나타내겠으며 풍운 상설(風雲霜雪)이 어찌 그 때를 잃겠으며, 음매여기(陰霾戾氣)가 재앙을 부리는 일이 있겠습니까?

하늘이 비와 볕과 따뜻하고 차가운 바람으로 서물(庶物)을 생장시키고 임금이 엄숙함과 명확함과 지혜로움과 슬기로움과 성스러움으로 천도에 응하면 하늘이 때맞추어 비를 내림이 엄숙한 것과 같이 하고 볕을 내림이 그 명확함과 같이 하고 따뜻하게 함이 그 지혜로움에 응하고 때맞추어 춥게 함이 그 슬기로움에 응하고 때맞추어 그 성스러움에 바람으로 응하는 것입니다.

이로 말미암아 보건대, 천지가 자리를 지키고 만물이 길러지는 것이 그 어찌 한 사람의 수덕(修德)에 매이지 않는다고 하겠습니까?

자사(子思)[1]는 이르기를 "오직 천하의 지극한 정성이라야 교화가 된다"라고 했으며 또한 "널리 만물을 발육시키면 높이 하늘까지 닿으리라"고 하였습니다.

또 정자(程子)[2]가 이르기를 "천덕(天德)과 왕도(王道)는 다만 근독(謹獨)에 있어야 한다"라 하였습니다.

아, 지금 우리 동방의 동식물이 다 자연에 고무(鼓舞)되고 있는 것은 그 어찌 성상(聖上)의 근독(謹獨) 때문이 아니겠습니까?

집사께서는 이 추요(芻蕘)[3]의 일득(一得)을 임금의 총명함에 상달(上達)해 주신다면 가난한 서생은 아마 필문 규두(篳門圭竇)[4] 아래서

---

1) 자사(子思): 공자의 손자이며 이름은 급(伋). 자사는 그의 자. 증자에게 학문을 배웠다. 또한 그가 쓴 '자사자(子思子)' 책은 〈한서(漢書)〉 예문지(藝文志)에 23편(篇)이 저록(著錄)되어 있다.
2) 정자(程子): 정호(程顥), 정이(程頤) 형제.
3) 추요(芻蕘): 꼴이나 나무를 말함. 천한 자, 혹은 자신을 낮추어 부르는 말. 〈시경(詩經)〉 대아(大雅), 판(板)에 「先民有言, 詢于芻蕘」라 했고 전(傳)에 「芻蕘, 薪采者也」라 하였고, 그 소(疏)에 「言詢於芻蕘, 謂謀於敗芻取蕘之人. 非謀於草木, 故云芻蕘, 薪采者, 是賤人也」라 하였다.

도 유한(遺恨)이 없을 것입니다.

　삼가 대답을 마칩니다.

　執事於篇終, 又敎之曰, 位天地育萬物其道何由, 愚, 於此言深有感焉, 愚聞, 人君正其心, 以正朝廷, 正朝廷, 以正四方, 四方正, 則天地之氣亦正矣, 又聞, 心和則形和, 形和則氣和, 氣和則天地之和應矣, 天地之氣旣正, 則日月安有薄蝕, 星辰安有失躔者哉, 天地之氣旣和, 則雷電霹靂, 豈洩其威, 風雲霜雪, 豈失其時, 陰霾戾氣, 豈有作孽者哉, 天以雨暘燠寒風, 而生成庶物, 人君以肅又哲謀聖, 而上應天道, 天之時雨若乎肅也, 天之時暘若乎又也, 時燠者哲之應也, 時寒者謀之應也, 時風者聖之應也, 以此觀之, 天地之位萬物之育, 豈不繫於一人之修德乎, 子思子曰, 惟天不至誠, 爲能化, 又曰, 洋洋乎, 發育萬物, 峻極于天, 程子曰, 天德王道, 其要只在謹獨, 噫, 今我東方, 動植之物, 咸鼓舞於鳶魚之天者, 豈不繫於聖主之謹獨乎, 願執事, 以芻蕘之一得, 上達天聰, 則韋布書生, 庶無遺恨於篳門圭竇之下矣, 謹對.

　집 사 어 편 종　　　　우 교 지 왈　　　위 천 지 육 만 물　　　기 도 하 유　　　　　　　우
執事於篇終에　又敎之曰: 位天地育萬物이　其道何由라 하니　愚는

---

4) 필문규두(篳門圭竇): 허술한 사립문과 누추한 판자. 자신의 집을 낮추어 부르는 말. 규(圭)는 규(閨)로도 쓴다. 〈좌전(左傳)〉 양공(襄公) 10년에 「篳門閨竇之人而皆陵其上」이라 하였다. 또는 「竇」자 대신 「窬」로도 쓴다. 〈예기(禮記)〉 유행편(儒行篇)에 「篳門圭窬」란 말이 있다.

於此言에 深有感焉이니이다. 愚聞컨대 人君이 正其心하며 以正朝廷하고 正朝廷하여 以正四方하여 四方正하면 則天地之氣가 亦正矣라 하니이다. 又聞컨대 心和則形和하고 形和則氣和하며 氣和則天地之和가 應矣라 하니이다. 天地之氣가 旣正이면 則日月이 安有薄蝕하며 星辰이 安有失躔者哉리오? 天地之氣가 旣和하면 則雷電霹靂이 豈洩其威리오? 風雲霜雪이 豈失其時리오? 陰霾戾氣가 豈有作孽者哉리오? 天以雨暘燠寒風하고 而生成庶物하니 人君以肅又哲謀聖하여 而上應天道하니 天之時雨若乎肅也하며 天之時暘若乎乂也하며 時燠者哲之應也하며 時寒者謀之應也하며 時風者聖之應也니이다. 以此觀之컨대 天地之位와 萬物之育은 豈不繫於一人之修德乎리오? 子思子曰: 『惟天不至誠하되 爲能化』라 하고 又曰: 『洋洋乎라! 發育萬物하니 峻極于天』이로다 하여 程子曰: 『天德王道가 其要只在謹獨』이라 하니이다. 噫라! 今我東方에 動植之物이 咸鼓舞於鳶魚之天者하니 豈不繫於聖主之謹獨乎리오! 願執事는 以芻蕘之一得하여 上達天聰하면 則韋布書生이 庶無遺恨於篳門圭竇之下矣니이다. 謹對니이다.

육조계(六條啓)[1]

우리 나라는 승평(昇平)[2]이 이미 오래 되어 편안과 희락(嬉樂)이 날로 심해져서 안팎이 공허(空虛)하고 병력(兵力)과 식량이 모두 궁핍한 상태입니다.

조그만 추적(醜賊)이 변방을 범하여도 온 나라가 놀라 동(動)하니 만약 큰 오랑캐〔大寇〕[3]가 침일(侵軼)해 온다면 비록 지자(智者)라도 계책(計策)을 세울 길이 없습니다.

옛 말에 있듯이 "미리부터 이길 수 없다고 여기는 것은 적이 이기기를 기다리는 것"[4]이라 했는데, 지금의 국사(國事)엔 하나도 믿을 만한 게 없고 적이 닥쳐오면 반드시 패할 것이니 말과 생각이 여기에 미치니 마음은 떨리고 쓸개는 터지는 듯합니다.

하물며 지금의 경원(慶源)[5]의 오랑캐는 일이 년(一二年)에 평정될

---

1) 육조계(六條啓): 여섯 조목을 들어 상계(上啓)한 글이라는 뜻.
2) 승평(昇平): 태평 성세를 이른다. 한유(韓愈)의 「하경운표(賀慶雲表)」에 「昇平之符旣兆, 仁義之域以躋」라 하였다.
3) 대구(大寇): 오랑캐의 큰 무리. 흔히 우리가 외적(外敵)을 「오랑캐」라 하나 원래 오랑캐는 원말 명초(元末明初)에 발호하던 원(元)의 후예인 우량하〔兀良合〕 부족을 이른다. 우량해〔烏梁海〕 근처에 살았다 하여 烏梁合, 兀良哈, 烏良哈 등으로도 쓴다.
4) 先爲不可勝, 以侍敵之可勝: 미리 대비하여 적을 제압해야 한다는 뜻.

바가 아니요, 만약 한 번 병력의 위세로 그들의 소굴을 소탕해 버리지 않는다면 육진(六鎭)[6]은 끝내 영정(寧靖)의 날을 얻기 어려울 것입니다.

지금 곧 급급(汲汲)히 치리(治理)를 도모하고 국력을 축적하여 후계(後計)로 삼지 아니하고 인순견보(因循牽補)[7]만 한다면 어찌 특별히 한 변방 귀퉁이의 작은 도적 걱정에만 그치겠습니까?

생각컨대, 뜻밖의 환난에 말로 다할 수 없는 것들이 있을까 두렵습니다.

신(臣)은 본래 일개 부유(腐儒)[8]로 외람되이 병관(兵官)의 자리에 앉아 새벽부터 밤늦도록 애태워 생각한 끝에 감히 하나 얻은 것을 올리오니, 다만 그 경개(梗槪)만 진술(陳述)하옵고 그 사이 곡절(曲折)은 반드시 직접 뵙고 자세히 상달(上達)하겠습니다.

그 대목(大目)을 말씀드리면,

첫째는 '임현능(任賢能)'[9]이요, 둘째는 '양군민(養軍民)'[10]이요, 셋째는 '족재용(足財用)'[11]이며, 넷째는 '고번병(固蕃屛)'[12]이요, 다섯째는 '비전마(備戰馬)'[13]이며, 여섯째는 '명교화(明敎化)'[14]입니다.

---

5) 경원(慶源): 지금의 함경북도 경원. 당시 육진(六鎭) 중의 하나.

6) 육진(六鎭): 세종 때 동북의 여진족을 몰아내고 두만강 남안(南岸)에 설치한 여섯 곳의 국방상 요지. 세종 16년(1437)부터 10년간 개척하여 동북의 우환을 없앴다. 즉 종성(鐘城), 은성(穩城), 회령(會寧), 경원(慶源), 경흥(慶興), 부령(富寧).

7) 인순견보(因循牽補): 고식적으로 인습(因襲)만 따르고 견강부회로 겨우 보충하는 상태.

8) 부유(腐儒): 썩은 선비란 뜻으로 자신을 낮추어 한 말.

9) 임현능(任賢能): 어진이와 능력 있는 이를 임용함. 〈예기(禮記)〉 예운편(禮運篇)에 「大道之行也, 天下爲公 選賢與能 講信修睦…」이라 하였다.

10) 양군민(養軍民): 군사와 백성을 기름.

11) 족재용(足財用): 재정과 비용을 풍족하게 함.

12) 고번병(固蕃屛): 번방(蕃方)의 방위를 견고히 함.

13) 비전마(備戰馬): 전시를 대비하여 말을 비축함.

14) 명교화(明敎化): 교육과 화육(化育)을 밝힘.

六條啓

我朝昇平已久, 恬嬉日甚, 內外空虛, 兵食俱乏, 小醜犯邊, 擧國驚動. 儻有大寇侵軼, 則雖智者, 無以爲計. 古語有之, 先爲不可勝, 以侍敵之可勝. 今之國事, 無一可恃, 敵至必敗, 言念及此, 心寒膽破, 況今慶源之寇, 非一二年可定, 若不一振兵威, 蕩覆棲穴, 則六鎭終無寧靖之期, 今不汲汲圖治蓄力, 以爲後計, 而因循牽補, 則豈特一隅之賊爲可虞哉, 竊恐意外之患, 有不可勝言者, 臣本腐儒, 濫忝兵官, 夙夜焦思, 敢獻一得, 而只陳梗槪, 其間曲折, 則必須面對細達矣. 其目則一曰 任賢能, 二曰 養軍民, 三曰 足財用, 四曰 固蕃屏, 五曰 備戰馬, 六曰 明敎化.

육 조 계
六條啓

我朝가 昇平已久하여 恬嬉日甚하여 內外空虛하고 兵食俱乏하니 小
醜犯邊이면 擧國驚動하니이다. 儻有大寇侵軼이면 則雖智者라도 無以
爲計니이다. 古語有之하되 『先爲不可勝이면 以侍敵之可勝』이니라 하
니 今之國事에 無一可恃하니 敵至必敗니이다. 言念及此하니 心寒膽
破니이다. 況今慶源之寇가 非一二年可定임이리오? 若不一振兵威하여
蕩覆棲穴이면 則六鎭終無寧靖之期니이다. 今不汲汲圖治蓄力하여 以
爲後計하여 而因循牽補면 則豈特一隅之賊爲可虞哉리오? 竊恐意外

之患하여 有不可勝言者하니이다. 臣本腐儒로 濫叨兵官하여 夙夜焦思하여 敢獻一得하여 而只陳梗槪하노이다. 其間曲折은 則必須面對細達矣니이다. 其目則一曰『任賢能』이요 二曰『養軍民』이요 三曰『足財用』이요 四曰『固蕃屛』이요 五曰『備戰馬』요 六曰『明敎化』니이다.

이른바 '임현능(任賢能)'이란 것은, 나라를 다스림에는 요체(要諦)가 있는 것이니 임금이 위에서 손을 움직이지 않고 노고를 들이지 않아도 다스려지는 것은, 바로 현자(賢者)가 재위(在位)하며 능자(能者)가 재직(在職)하여 각각 그 정성과 재질을 다하는 까닭에서 연유합니다.

지금에 관직을 수여함에 진실로 모두 가려 뽑은 인재들이건만 아침에 배수(拜授)했다간 저녁 때 천직(遷職)시키시니 그 자리조차 따뜻해질 겨를이 없고, 비록 그 임무를 통찰코자 하나 그럴 길이 없는 상태입니다.

이런 경우 비록 주공(周公)[1] · 소공(召公)[2] · 이윤(伊尹)[3] · 부열(傅說)[4] 같은 어짊과 재질로도, 만약 오늘 사도(司徒)[5]를 제수했다가

---

1) 주공(周公): 주(周)나라 초창기의 문왕(文王, 昌)의 아들이며 무왕(武王, 發)의 아우로서, 당시 어린 성왕(成王)을 보필하였다. 이름은 단(旦).
2) 소공(召公): 주문왕의 서자(庶子)이며 이름은 석(奭). 성왕 때에 주공과 더불어 섬(陝) 땅을 나누어 덕정을 베풀었다. 연(燕)에 봉해져서 시조가 되었다.
3) 이윤(伊尹): 상(商)나라 때의 현상(賢相). 탕(湯) 임금에게 세 번 폐빙(幣聘)을 받은 끝에 탕을 도와 걸(桀)을 쳐서 상(商)을 세웠다.
4) 부열(傅說): 은(殷)나라 고종(高宗) 때의 현상(賢相). 처음에 가벼운 죄를 지어 성 쌓는 일에 징집되었으나 고종이 꿈에 열(說)을 보고 실제 만나 어짊을 알고 거용(擧用)하여 재상을 삼았다.

내일 사구(司寇)[6]를 제수한다면 공적(功績)을 이루기란 어렵고 다만 분주히 노고스럽기만 할 뿐일진대, 하물며 어짊과 재질이 그만 못한 바에야 어떻겠습니까?

지금 이렇게 자주 바뀌는 데는 두 가지 이유가 있습니다. 즉 하나는 병이 나타났다는 것이요[呈病][7], 또 하나는 혐의를 피하기 위해서입니다.

그러니 질병 때문에 생기는 폐단을 바로잡으시려면 군신(群臣)에게 교칙(敎勅)을 내리시어 실재(實在)에 힘쓰고 관례 습속(慣例習俗)만 따르는 것을 막도록 하셔야 합니다. 실제로 병이 난 것이 아니면 사직 요구[呈辭]를 못하게 하고 간혹 병을 의탁하는 자가 있으면 그 병의 현상(現狀)을 따라 고치고 치료하되 병든 지 열흘 후에 비로소 사직을 할 수 있게 하고, 첫번 신청 후 만 열흘 만에 비로소 재신청을 하며, 다시 열흘이 찬 후에 삼청[三呈]을 허락해야 합니다.

만약 한 관사(官司)에서 한 사람이 신청을 한 상태에서라면 다른 관원(官員)이 함께 신청할 수 없게 하며, 만약 그래도 질병으로 부득이 함께 신청을 해야 할 경우엔 반드시 그 관청의 의론으로 상계(上啓)한 후에 비로소 신청을 하도록 할 것입니다. 이렇게 하면 증병(呈病)의 폐단이 고쳐질 것입니다.

혐의를 피하기 위한 사퇴의 폐단을 고치시려면 무릇 대간(臺諫)[8]

---

5) 사도(司徒): 고대 이래로 교육을 맡은 관명(官名). 당우(唐虞) 때부터 있었으며 주(周)나라 때는 지관(地官)에 속하며 대사도(大司徒)라 하여 육경(六卿) 중의 하나. 한(漢)나라 때엔 승상(丞相)을 대사도라 하였으며 대사마(大司馬), 대사공(大司空)과 더불어 삼공(三公) 중의 하나. 청대(淸代)에는 흔히 호부 상서(戶部尙書)를 대사도라 하였다.

6) 사구(司寇): 고대 이래로 형옥(刑獄)을 맡은 관명. 하(夏)나라 때 이미 있었으며 주대(周代)에 추관(秋官)에 속한 육경(六卿) 중의 하나. 청대(淸代)에 형부 상서(刑部尙書)를 대사구(大司寇)라 하였다.

7) 증병(呈病): 병으로 사직이나 천직(遷職)을 증청(呈請)함.

에서 불합(不合)한 인물을 제외하고는 마땅히 피혐(避嫌)의 명목으로는 바꾸거나 출장시켜서는 안 됩니다.

전대(前代)에는 대간(臺諫)에서 비록 추고(推考)를 받더라도 체직(遞職)시키지 않고, 사헌부(司憲府)[9]에서 추고를 하면 사간원(司諫院)[10]으로 내려보냈다고 합니다.

사람이 요순(堯舜) 같은 성인이 아닐진대 어찌 일마다 최선을 다 하리요만, 지금의 대관(大官)들은 추고를 받으면 공무대로 집행하는 것이 별로 염치(廉恥)에 손상이 없다고 여기고 오히려 유독 대간에서만 반드시 성현으로 책하여 터럭발만큼이나, 가는 저울 눈금만큼이라도 잘못이 있으면 직책을 바꾸기에 이르니, 이목(耳目)이 자주 바뀌어 공론(公論)이 정해지지 못하여 국가의 체통도 서지 못할 뿐 아니라 이로 인해 옮겨다니느라 다른 관아에서 역시 자주 바뀌어 서정(庶政)의 실패도 이런 데 연유하는 것입니다.

신(臣)이 생각컨대 부디 옛일〔故事〕을 상고(詳考)하셔서 대간에서 추고를 받더라도 체직시키지 않는 규칙을 부활시키십시오. 그런 연후에야 비로소 피혐의 폐단이 고쳐질 것입니다.

다만 자주 바뀌어 그 임무를 잃는 것이나 그 임무가 아닌 사람을 너무 오래 붙들어 두는 것이나 다 같이 잘못 다스리는 결과에 귀납되는 것이오니, 이제부터는 상규(常規)에 얽매이지 말고 현능한 자와 재주있는 자를 널리 모아다가 인물과 기량에 상당(相當)한 데 힘

---

8) 대간(臺諫): 조선 시대 간언(諫言)을 관장하던 관리. 사헌부(司憲府)·사간원(司諫院)의 관직을 통틀어 말한다.

9) 사헌부(司憲府): 조선 시대 감찰 행정을 맡은 관청. 헌부(憲府), 백부(柏府), 상대(霜臺), 오대(烏臺), 어사대(御史臺)라고도 한다.

10) 사간원(司諫院): 조선 시대 간쟁(諫爭), 논박(論駁)을 맡은 관청. 간원(諫院), 미원(薇院)이라고도 한다.

쓰시되 대관(大官)을 임명하실 때는 반드시 대신(大臣)에게 순문(詢問)하여 가려 뽑으시면 됩니다.

진실로 사람을 얻어, 믿고 그 임무를 맡기신 다음엔 부언(浮言)이 떠돌지 못하도록 하시면 됩니다.

이렇게만 한다면 아마도 현자(賢者)를 임용하고 능자(能者)를 부리시는 실효(實效)를 거두시게 될 것입니다.

所謂任賢能者, 爲國有要, 君拱於上, 不勞而治者, 由賢者在位, 能者在職, 各效其誠與才故也, 今之授官固皆擇人, 而朝拜暮遷, 席不暇暖, 雖欲察任, 其道無由, 雖以周召伊傅之賢且才, 若今日授司徒, 明日除司冠, 則必不能成績, 只奔走勞苦而已, 況非賢才乎, 今玆數易, 有二道焉, 一曰病, 二曰避嫌, 欲矯呈病之弊, 則下敎羣臣, 務實而不徇俗, 非實病, 則不呈辭, 聞有託疾者, 隨現糾治, 必病滿一旬, 然後始呈辭, 初度滿一旬, 然後始許再呈, 再度滿一旬, 然後始許三呈, 若一司一員呈辭, 則他員不得竝呈, 如有疾病, 不得已竝呈, 則必一司僉議入啓, 然後始呈, 如是則可矯呈病之弊, 欲矯避嫌之弊, 則凡臺諫, 除人物不合者外, 宜不以避嫌遞差, 祖宗朝臺諫, 雖被推不遞, 司憲府推考, 則下司諫院云, 人非堯舜, 豈能每事盡善, 今之大官, 被推行公者, 別無傷於廉恥, 而獨於臺諫, 必責以聖賢, 毫髮錙銖之失, 必至於遞, 耳目數易, 公論靡定, 固非爲國之體, 而因此遷移, 他官亦至數遞, 庶績之敗, 職此之由, 臣意請考故事, 復臺諫被推不遞之規, 然後可矯避嫌之弊矣, 但數易而失其任, 與久任而非其人, 同歸於不治, 自今大小之官, 不拘常規, 廣收賢才, 務在人器相當, 而若大官之除.
必詢問大臣而擇差, 苟得其人而信任之, 則母使浮言搖動, 然後
庶有任賢使能之實矣.

읽기

所謂任賢能者는 爲國有要이니 君拱於上하여 不勞而治者는 由賢者
在位하고 能者在職하여 各效其誠與才故也니이다. 今之授官에 固皆擇
人하되 而朝拜暮遷하니 席不暇暖이니이다. 雖欲察任이나 其道無由하
니 雖以周·召·伊·傳之賢且才라도 若今日授司徒하고 明日除司寇
하면 則必不能成績하고 只奔走勞苦而已이리니 況非賢才乎리오! 今玆
數易은 有二道焉이니이다. 一呈病이요 二曰避嫌이니 欲矯呈病之弊면
則下敎羣臣하여 務實而不徇俗하며 非實病이면 則不呈辭니이다. 聞有
託疾者는 隨現糾治하되 必病滿一旬, 然後에 始呈辭이니이다. 初度滿
一旬, 然後에 始許再呈하고 再度滿一旬, 然後에 始許三呈이니이다.
若一司一員呈辭면 則他員不得竝呈하고 如有疾病하되 不得已竝呈하
면 則必一司僉議入啓, 然後에 始呈이니이다. 如是면 則可矯呈病之弊
니이다. 欲矯避嫌之弊면 則凡臺諫에 除人物不合者外에 宜不以避嫌
遞差니이다. 祖宗朝臺諫은 雖被推不遞나 司憲府推考면 則下司諫院
云이니이다. 人非堯舜인대 豈能每事盡善이리오? 今之大官은 被推行
公者로 別無傷於廉恥하여 而獨於臺諫이니 必責以聖賢하여 毫髮錙銖

之失이라도 必至於遞니이다. 耳目數易하고 公論靡定하니 固非爲國之
體요 而因此遷移니이다. 他官亦至數遞하면 庶績之敗니 職此之由니
臣意請考故事하여 復臺諫被推不遞之規하니 然後에 可矯避嫌之弊矣
니이다. 但數易而失其任과 與久任而非其人은 同歸於不治니이다. 自
今大小之官은 不拘常規하고 廣收賢才하여 務在人器相當이니이다. 而
若大官之除는 必詢問大臣而擇差하되 苟得其人而信任之하면 則毋使
浮言搖動한 然後에 庶有任賢使能之實矣니이다.

두번째로 이른바 '양군민(養軍民)'에 대하여 아뢰겠습니다.

병(兵)을 기르는 것은, 백성부터 기르는 것으로 그 근본을 삼으셔야 합니다.

양민(養民) 없이 능히 양병(養兵)할 수 있다는 말은 예로부터 지금까지 들어보지 못했습니다.

오(吳)나라 부차(夫差)[1]의 병력은 천하에 무적이로되 끝내 나라를 망친 것은 양민(養民)을 먼저 하지 않은 까닭입니다.

지금은 백성의 기력이 다해서 사방이 위축되어 눈앞에 바로 대적이 나타난다면 비록 제갈량(諸葛亮)[2]으로 참모를 앉히고 한신(韓

---

1) 부차(夫差): 춘추 시대 오(吳)나라 왕. 아버지 합려(闔廬)가 월왕 구천(句踐)에게 패하여 죽자 즉위하여 구천을 회계산(會稽山)에서 대패시켰다. 그 후에 여러 가지 실정으로 충신 오자서(伍子胥)를 죽게 하고 북쪽으로 제후들과 회맹하기 위해 간 틈에 월왕 구천에게 망하였다.

2) 제갈량(諸葛亮): 삼국 시대 촉한(蜀漢)의 유비(劉備)와 후주(後主) 유선(劉禪)을 도운 명신. 「출사표(出師表)」로 유명하다.

信)[3]이나 백기(白起)[4] 같은 장수로 무리를 호령시킨다 해도 어쩔 방법이 없을 것입니다. 어찌하여 그렇겠습니까?

그것은 조련시킬 병력도 없고 먹일 군속(軍粟)조차 없기 때문입니다. 아무리 지혜가 있는 자라도 어찌 밀가루 없이 국수를 지어 내겠습니까? 여기에 여러 종류 군사들의 고통과 휴식이 고르지 못한 까닭에 쉬는 자는 조금 보호되지만 힘든 자는 반드시 도망하고 말아, 도망을 쳤다 하면 그 일족(一族)까지 침독(侵毒)을 당하게 되어 돌고 돌아 그 화(禍)가 만연되어 심지어 한 마을이 텅 비게 되기도 합니다.

신(臣)이 생각컨대 따로이 현능(賢能)한 자를 가려 뽑아 하나의 국(局)을 설치하여 군적(軍籍)을 위임시켜서 군역의 고헐(苦歇)을 추이(推移)하여 그 군역을 방식대로 고르게 처리하되 병사 중에 도망한 지 3년이 되는 자에게는 다시 한정(閑丁)에 포괄시키고 그 대(代)를 보충하여 반드시 여러 부대 군사들로 하여금 모두 지탱 · 보전하여 일족이 침징(侵徵)당하는 환난(患難)을 없애 버리면 가히 군민(軍民)의 기력을 펴나갈 수 있게 될 것입니다.

그 외에 휴양(休養)과 생식(生息)의 법규는 그 국(局)을 설치한 후에 그 일을 맡은 자가 강구(講究)하면 될 것이고 훈련에 대한 기술은 양민(養民)을 먼저 한 후에 의논하면 될 줄 압니다.

---

3) 한신(韓信): 진(秦)나라 말기에 처음 항량(項梁)을 따라 거병했다가 뒤에 한(漢) 고조(高祖) 유방(劉邦)을 도와 항우(項羽)를 쳐부수고 한(漢)나라를 이룩한 지모(智謀)가 뛰어난 인물. 장량(張良) · 소하(蕭何)와 더불어 한흥 삼걸(漢興三傑)이라 불린다. 뒤에 모반(謀反)을 꾀하다가 멸족당하였다.

4) 백기(白起): 전국 시대 진(秦)나라 때 장군. 진(秦) 소왕(昭王) 때 무안군(武安君)에 봉해졌다. 용병에 뛰어났으며 특히 조(趙)나라와의 장평(長平) 싸움에서 항복해 온 조나라 군사 40만을 생매장했고 뒤에 응후(應侯)와 틈이 생겨 면직 끝에 죽음을 당하였다.

所謂養軍民者, 養兵以養民爲本, 不養民而能養兵者, 自古及
今, 未之聞也, 夫差之兵, 無敵於天下, 而卒僨其國者, 由不養民
故也, 今之民力已竭, 四方蹙蹙, 目今有大敵, 則雖使諸葛坐謀,
韓白領衆, 亦無如之何矣, 何者, 無兵可調, 無粟可食, 雖智者, 豈
能爲無麪之不托乎, 此由諸邑軍士, 苦歇不均, 歇者稍保, 而苦者
必逃, 逃則侵毒一族, 輾轉蔓禍, 甚至於一邑皆空故也, 臣意別擇
賢能設局, 委以軍籍, 推移苦歇, 式均其役, 而軍士逃亡過三年
者, 則更括閒丁, 以充其代, 必使諸邑軍士, 皆得支保, 而無侵徵
一族之患, 則可紓軍民之力, 其他休養生息之規, 則設局之後, 任
事者, 可以講究矣, 至於訓鍊之術, 則亦待養民然後, 可議也.

읽기

所謂養軍民者는 養兵以養民爲本이니 不養民而能養兵者는 自古及
今으로 未之聞也니이다. 夫差之兵은 無敵於天下로되 而卒僨其國者는
由不養民故也니이다. 今之民力이 已竭하고 四方蹙蹙한대 目今有大敵
하면 則雖使諸葛坐謀하고 韓白領衆이라도 亦無如之何矣니이다. 何者
오? 無兵可調요 無粟可食이니이다. 雖智者라도 豈能爲無麪之不托乎
리오? 此由諸邑軍士는 苦歇不均하니 歇者는 稍保하고 而苦者는 必逃
하니 逃則侵毒一族하여 輾轉蔓禍하며 甚至於一邑皆空故也니이다. 臣
意別擇賢能設局하여 委以軍籍하되 推移苦歇하여 式均其役이니이다.

而軍士逃亡過三年者는 則更括閒丁하여 以充其代니이다. 必使諸邑軍

士로 皆得支保하여 而無侵徵一族之患이면 則可紓軍民之力이리이다.

其他休養生息之規는 則設局之後에 任事者하면 可以講究矣니이다.

至於訓鍊之術은 則亦待養民然後에 可議也니이다.

세번째로 '족재용(足財用)'에 대하여 아룁니다.

병력을 족하게 하는 것은 바로 식량부터 족하게 하는 것으로 근본을 삼아야 합니다.

백만의 군사를 하루 아침에 흩어지게 하는 것은 바로 식량이 없는 연고에서 비롯됩니다.

지금 국가의 비축은 일 년을 지탱할 수 없을 정도이니 진실로 이른바 "나라는 있으되 나라가 아니다"라는 것입니다.

상하가 소상히 이런 걱정을 알되 다만 어쩔 수 없다고만 떠들면서 재물을 늘릴 길은 생각지도 않고 있습니다.

만약 큰 도적이 남에서 북에서 충돌해 들어오면 무슨 물건으로 군량을 삼을 수 있겠습니까?

나라의 비축이 날로 축소되는 이유는 세 가지가 있다고 봅니다.

첫째는 수입은 적고 지출은 많기 때문이요, 둘째는 맥도(貊道)의 방법[1]으로 세를 거둬들이기 때문이요, 셋째는 제사가 번거롭고 잦기 때문입니다.

수입이 적고 지출이 많다는 것은, 전대(前代)에는 세입은 대단히 많고 지출은 넓지 않아 일 년이면 반드시 잉여분이 생겨 이와 같이 해를 거듭하여 썩을 정도에 이르러 국세(國勢)가 확고했습니다.

지금엔 일 년의 수입이 일 년의 지출에 미치지 못하는데도 권설(權設)이 날로 늘어나고, 필요 없는 관직이 너무 많아 매번 오랫동안 비축되었던 것까지 경비로 충당하고 있으니 200년의 세월을 쌓은 국가에 1년의 비축도 없다니 진실로 가히 가슴 아픈 일이옵니다.

신(臣)의 생각으로는 수입을 헤아려 지출을 삼으시고 급하지 않은 관직과 무익한 소비는 혁파(革破)하시고, 전수(典守)의 관리들은 법규와 계획을 엄격히 밝혀 투절(偸竊)을 입는 일이 없도록 해야 합니다. 이렇게 한 후라야 재정이 궁핍한 지경에 이르지 않게 됩니다.

맥도(貉道)의 방법으로 세금을 거둔다고 함은, 옛날에는 십분의 일로 거두어도 공용이 궁핍하지 않았고 백성들도 원망이 없었습니다.

전대(前代)에는 9등급으로 세금을 거두어 법으로 정해진 것이 상밀(詳密)하지 아니한 것이 없건만, 행한 지 오래 되어 관리가 태만해지고 백성이 완악(頑惡)해져서 매번 재변 때 면세되면 그것을 자랑거리로 삼아 왔습니다.

지금은 아래의 아래로써 위의 위를 척도로 삼아 나라 안의 전지(田地)에 재변으로 면세를 받지 아니하는 땅이 거의 없으니 국가 재정에 대해 어찌 거두어도 저장이 되지 않는다고만 하리요?

형세가 이 지경에 이르고 보니 비록 현령이 아무리 어질다 할지라도 감히 민생(民生)이 날로 곤궁해짐과 요역(徭役)의 다단(多端)을

---

1) 맥도수세(貉道收稅): 음(音)은 맥〔莫白切〕·학〔下各切〕·막〔末各切〕·마〔莫駕切〕 등으로 읽히며 〈광아(廣雅)〉, 〈석고(釋詁)〉에 맥(貉), 악야(惡也)라 풀이하였다. 맥도(貉道)는 이민족 미개한 지역의 세법 즉, 정상적이 아닌 세법. 〈맹자(孟子)〉 고자(告子)(下)에 「白圭曰: 吾欲二十而取一, 何如? 孟子曰: 子之道, 貉道也」라 하여 맹자가 세수법(稅收法)에 대하여 설명한 내용이 있다.

보고 면세하지 아니할 수 없게 됩니다.

만일 거꾸로 매달린 급박함[2]을 해결해 주지 못하고 다만 면세를 안 해 주는 것이 국가를 저버리지 않는 것이라 여긴다면, 벌거숭이 같은 백성은 더욱 지탱할 수가 없게 되니 인인군자(仁人君子)라도 능히 참을 수 있겠습니까 ?

지금을 위한 계책(計策)은 공안(貢案)을 개정해서 전역(田役)의 10분의 7, 8을 감해 주는 것보다 나은 것이 없습니다.

이렇게 한 후에 헤아려서 마땅히 세수(稅收)를 증가시켜 국용(國用)을 여유 있게 해야 합니다.

그렇게 하지 않으면 공사(公私) 간의 재정은 끝내 풍족한 때를 만나지 못할 것입니다.

제사가 번거롭고 잦다고 이른 것은 옛날의 성제(聖帝)·명왕(明王)이 그 누가 대효(大孝)하지 않으리요만 제사에 있어서는 잦지 않은 것으로 귀히 여겼습니다.

그래서 종묘(宗廟)에도 월제(月祭)가 있을 따름이요 원묘(原廟)[3]는 없었습니다.

한(漢)나라 이후에 비로소 원묘(原廟)를 설치했지만 고제(古制)가 아닌데도 그릇된 것을 전전계승(輾轉繼承)하여 일제(日祭)에까지 이르렀으니 그 잦음이 심하다 아니할 수 없습니다.

나라에서 종묘와 각 능(陵)에 삭망제(朔望祭)를 지내고 문소전(文昭殿)[4]과 연은전(延恩殿)[5]에서는 삼시제(三時祭)까지 지내는데, 이

---

2) 해도현(解倒懸): 거꾸로 매달린 자를 풀어주는 은혜. 〈맹자(孟子)〉 공손추(公孫丑)(上)에 「當今之時, 萬乘之國行仁政, 民之悅之, 猶解倒懸也」라 하였다.

3) 원묘(原廟): 종묘(宗廟) 이외에 다시 만든 사당. 〈사기(史記)〉 고조본기(高祖本紀)에 「爲高祖原廟」라 하였고 집해(集解)에 「謂原者, 再也, 先旣已立廟, 今又再立, 故謂之原廟」라 하였다.

는 진실로 조종(祖宗)을 먼 데까지 추모하는 정성된 효도이나 당우 삼대(唐虞三代) 성왕(聖王)의 제도에 비한다면 번란(煩亂)하다는 말을 피하기 어려운 계율(戒律)입니다.

제사란 정성과 간결을 위주로 하는 것인데 문소전과 연은전에서 매일 삼시제를 지내니 주제(主祭)하는 자도 마음이 태만해져서 예사에 빠지게 되며 제물과 그릇에 대해서도, 차리는 것도 정성이 없고 씻는 것도 깨끗이 못하니 그렇게 정성과 정결(淨潔)이 결여된다면 반드시 신(神)도 돌아보지 않을 것이니 제왕의 효도가 어찌 이래서 되겠습니까?

옛날엔 그 해에 흉작이면 제사와 의전(儀典)을 줄였거늘, 하물며 지금같이 온 나라에 비축이 없어 흉년 정도에 그칠 일이 아니온데 어찌 변통할 길이 없다 이르겠습니까?

신(臣)의 생각으로는 다만 종묘만은 전례대로 삭망제(朔望祭)를 행하고 각 능(陵)은 네 명절에만 게(祭)를 행하며 문소전과 연은전은 일제(日祭)만 행하고 나머지 두 번은 폐지하옵소서. 무릇 이와 같이 행하되 마음과 제물을 재결(齋潔)히 하며 정성과 경건(敬虔)함을 극진히 하면 제왕의 효도에 조금도 손색이 없을 것이며 도리어 빛이 있게 되고 제수(祭需)의 비용도 가히 3분의 1을 감할 수 있을 것이며 조종(祖宗)의 신령들도 성상(聖上)께서 제업(帝業)을 회복하고 기반을 개척하시려는 정성과 효성에 감동하는 바가 있어 더욱더 향기로

---

4) 문소전(文昭殿): 조선 태조의 비 신의 왕후(神懿王后)의 사당. 태조 5년에 건립하여 인소전(仁昭殿)이라 하였던 것을 태종 8년에 문소전(文昭殿)으로 개칭하였다. 세종 15년에는 태조와 태종의 위패를 봉안하였다.

5) 연은전(延恩殿): 경복궁 안에 있는 덕종(德宗, 성종의 아버지를 추존함)을 모신 사당. 원래 문소전에 함께 모시려 하였으나 문소전은 태조와 4대조를 모시는 사당으로 예종을 봉안할 수 없어 따로 건립한 것이다.

운 제사[6]를 흠향하실 것이옵니다

所謂足財用者, 足兵以足食爲本, 百萬之兵一朝可散者, 由無食故也, 今之國儲, 不支一年, 眞所謂國非其國者也, 上下昭見此患而只諉之無可奈何, 不思生財之道, 儻有大賊, 自南自北, 衝突而入, 則以何物爲軍糧乎, 國儲之日縮有三焉, 一曰入寡出多, 二曰貉道收稅, 三曰祭祀煩黷, 入寡出多云者, 祖宗朝稅入甚多, 而費用不廣, 故一年必有贏餘, 如是積年, 至於紅腐, 勢固然矣, 今者一年之入, 不能支一年之出, 而權設日滋, 冗官太多, 每以宿儲供經費, 二百年積累之國, 無一年之蓄者, 誠可痛心, 臣意量入爲出, 盡革不急之官, 無益之費, 而典守之官, 嚴明規畫, 不被偸竊, 然後庶不至罄竭矣, 貉道收稅云者, 古者什一而稅, 公用不乏而民亦無怨, 祖宗朝, 以九等收稅, 設法非不詳密, 而行之旣久, 吏怠民頑, 每以給災爲要譽之資, 今則以下之下, 爲上之上, 而一國之田, 不給災者無幾, 國用安得而不匱哉, 勢至於此, 雖守令之賢者, 不敢不給災者, 以民生日困, 徭役多端, 若不解倒懸, 而只以不給災爲不負國, 則赤子尤不能支, 仁人君子豈能忍之乎, 爲今之計, 莫如改定貢案, 使田役, 減其十分之七八, 然後可量, 宜加稅以裕國用也, 不然則公私終無足用之時矣, 祭祀煩黷云者, 古之聖帝明王, 孰非大孝, 而祭祀以不黷爲貴, 宗廟不過月祭, 而無原廟, 自漢以下, 始設原廟, 已非古制, 輾轉承訛, 至於日祭, 則其

---

6) 필분지사(苾芬之祀): 향기나는 제사. 훌륭한 제사를 뜻함.

黷甚矣, 國家於宗廟各陵, 行朔望祭, 於文昭延恩殿, 行三時祭,
此固出於祖宗追遠之誠孝, 而比於唐虞三代聖王之制, 則難避煩
亂之戒矣, 祭祀主於誠潔, 而文昭延恩兩殿, 日上三祭, 故主者心
怠, 狃於尋常, 饌物器皿, 熟設不精, 洗拭不淨, 不誠不潔, 神必不
顧, 帝王之孝, 豈在於此, 古者年凶, 則量減祀典, 況今擧國無儲,
非止年凶而已, 豈無通變之道乎, 臣意惟宗廟, 依前祭以朔望而
各陵, 則只祭以四名日, 文昭延恩殿, 則只行日祭, 而廢二時之
祀, 夫如是而齋心潔饌, 極其誠虔, 則於帝王之孝, 少無所損, 反
爲有光, 祭需之費, 可減三之一焉, 祖宗之靈, 於聖上恢業拓基之
誠孝, 所有感動, 而益享苾芬之祀矣.

所謂足財用者는 足兵以足食爲本이니이다. 百萬之兵이 一朝可散者
는 由無食故也니이다. 今之國儲는 不支一年하니 眞所謂國非其國者
也니이다. 上下昭見此患而只諉之無可奈何하니이다. 不思生財之道타
가 儻有大賊하여 自南自北하여 衝突而入이면 則以何物爲軍糧乎리오?
國儲之日縮有三焉이니 一曰入寡出多요 二曰貉道收稅요 三曰祭祀
煩黷이니이다. 入寡出多云者는 祖宗朝稅入甚多하나 而費用不廣하여
故로 一年必有贏餘이니 如是積年이던 至於紅腐하여 勢固然矣니이다.
今者엔 一年之入이 不能支一年之出하여 而權設日滋하고 冗官太多하
여 每以宿儲供經費가 二百年積累之國으로 無一年之蓄者는 誠可痛

心이니이다. 臣意量入爲出하여 盡革不急之官하며 無益之費는 而典守

之官하되 嚴明規畫하여 不被偸竊한 然後에야 庶不至罄竭矣니이다. 貉

道收稅云者는 古者엔 什一而稅하되 公用不乏하고 而民亦無怨이니이

다. 祖宗朝는 以九等收稅하되 設法이 非不詳密하나 而行之旣久하여

吏怠民頑하니 每以給災爲要譽之資니이다. 今則以下之下요 爲上之上

하여 而一國之田이 不給災者無幾니 國用安得而不匱哉리오! 勢至於

此에 雖守令之賢者라도 不敢不給災者하니 以民生日困하고 徭役多端

이니이다. 若不解倒懸하고 而只以不給災爲不負國하면 則赤子라도 尤

不能支러니 仁人君子가 豈能忍之乎리오! 爲今之計에 莫如改定貢案

하여 使田役을 減其十分之七八한 然後에야 可量이니 宜加稅以裕國用

也니이다. 不然이면 則公私가 終無足用之時矣니이다. 祭祀煩瀆云者는

古之聖帝明王이 孰非大孝리오만 而祭祀以不瀆爲貴니이다. 宗廟不過

月祭요 而無原廟니이다. 自漢以下로 始設原廟하니 已非古制요 輾轉

承訛하여 至於日祭하니 則其瀆甚矣니이다. 國家於宗廟各陵에 行朔望

祭하며 於文昭·延恩殿엔 行三時祭하니 此固出於祖宗追遠之誠孝로

되 而比於唐虞三代聖王之制면 則難避煩亂之戒矣니이다. 祭祀主於

誠潔이로되 而文昭·延恩兩殿을 日上三祭하니 故로 主者心怠하고 狃

於尋常하며 饌物器皿하고 熟設不精하고 洗拭不淨하니이다. 不誠不潔

하면 神必不顧니이다. 帝王之孝가 豈在於此리오? 古者엔 年凶이면 則

量減祀典이니이다. 況今擧國無儲하여 非止年凶而已니 豈無通變之道

乎리오? 臣意惟宗廟는 依前祭以朔望而各陵하면 則只祭以四名日이니

이다. 文昭·延恩殿은 則只行日祭하고 而廢二時之祀하소서. 夫如是

而齋心潔饌하고 極其誠虔하면 則於帝王之孝가 少無所損하여 反爲有

光이리이다. 祭需之費는 可減三之一焉이니이다. 祖宗之靈이 於聖上恢

業拓基之誠孝함에 所有感動하여 而盍享芬芬之祀矣리이다.

네번째로 '고번병(固蕃屛)'에 대하여 말씀드립니다.

서울을 복심(腹心)이라 한다면 사방은 곧 번병(蕃屛)이라 할 수 있습니다.

번병(蕃屛)이 완전히 견고한 연후에야 복심이 믿고 안정을 얻을 수 있습니다.

지금의 사방의 군읍(郡邑)은 잔폐(殘弊)하지 않은 곳이 없고 감사(監司)들도 자주 바뀌어 백성들은 도주(道主)가 누구인지도 모를 정도이니 만약 포악한 도적이 불의에 나타나 풍치전격(風馳電擊)[1]해 온다면 감사가 비록 급히 절제(節制)하고자 해도 백성이 믿지 않을 것이요 명령도 평소처럼 행해지지 않을 것인즉, 어찌 능히 처리할 수 있겠습니까?

이는 바로 반드시 패하는 길밖에 없는 것입니다.

신(臣)의 생각으로는 잔폐(殘弊)한 소읍(小邑)을 하나로 묶어 백성들이 힘을 펴게 하고 감사(監司)를 택하여 오래도록 임직(任織)을

---

1) 풍치전격(風馳電擊): 바람처럼 내닫고 번개처럼 진격해 옴.

맡겨 은혜와 위엄을 그 도(道)에 나타내어 백성들로 하여금 평소처럼 신복(信服)하게 한다면 가히 평시(平時)에는 휴양(休養)할 수 있고 완급(緩急)에 따라서는 방어를 할 수 있다고 여겨집니다.

변방이 견고해지면 국가는 반석의 튼튼한 형세를 가진 것이 됩니다.

혹시 감사의 권력이 너무 크다고 의심하는 이가 있으나 이는 그렇지 않습니다. 중국에서 감사를 임명함에는 가족을 데리고 가지 않는 자가 없고 오래된 자는 혹 십 년이 넘었지만 이로 인해 권력이 과중해진다는 말은 들어 본 적이 없습니다.

하물며 지금의 양계(兩界)[2]의 임기는 불과 24개월이며 다른 도(道)도 이를 모방한 데 불과할 뿐인데 2년 동안에 어찌 한 도(道)를 스스로 제어(制御)하여 조정의 명령을 거역함이 있겠습니까?

이미 사람만 잘 택했으면 권력이 커질 것이라는 근심은 염려거리가 되지 않습니다.

所謂固蕃屛者, 京師是腹心, 而四方是蕃屛也, 蕃屛完固然後, 腹心有所恃而安, 今之四方郡邑, 無不殘弊, 而監司數易, 民不知道主之爲何人, 設使暴寇出於不意, 風馳電擊, 則監司雖欲倉卒節制, 民不相信, 令不素行, 安能有所爲乎, 此必敗之道也, 臣意請合殘弊小邑爲一, 以紓民力, 選擇監司, 而久任之, 使以恩威著於一道, 而民素信服, 則平時可以休養, 緩急可以禦侮, 蕃屛旣固

---

2) 양계(兩界) : 동북면(지금의 함경도)과 서북면(지금의 평안도).

則國家, 有磐石之勢矣, 或以監司之權, 太重爲疑, 此則不然, 中
朝之任監司, 莫不率眷, 而久任者, 或十餘年, 未聞以此, 虞其權
重也, 況今兩界之任, 不過二十四朔, 他道不過倣此而已, 二年之
間, 寧有自制一道, 不從朝命者乎, 旣擇其人, 則權重之患, 非所
慮也.

所謂固蕃屛者는 京師是腹心이요 而四方은 是蕃屛也니이다. 蕃屛이
完固한 然後에 腹心이 有所恃而安이니이다. 今之四方郡邑이 無不殘
弊하되 而監司數易하니 民不知道主之爲何人이니이다. 設使暴寇出於
不意하여 風馳電擊이면 則監司가 雖欲倉卒節制하나 民不相信하여 令
不素行이니 安能有所爲乎리이까? 此必敗之道也니이다. 臣意請合殘
弊小邑爲一하여 以紓民力하고 選擇監司하여 而久任之하여 使以恩威
著於一道하여 而民素信服이면 則平時可以休養이요 緩急可以禦侮니
이다. 蕃屛旣固하면 則國家는 有磐石之勢矣니이다. 或以監司之權이
太重爲疑하나 此則不然이니이다. 中朝之任監司는 莫不率眷하고 而久
任者는 或十餘年이나 未聞以此니이다. 虞其權重也에 況今兩界之任이
不過二十四朔이니 他道不過倣此而已니이다. 二年之間에 寧有自制一
道하여 不從朝命者乎리이까? 旣擇其人이면 則權重之患이 非所慮也
니이다.

다섯째로 이른바 ‘비전마(備戰馬)’에 대해서 아룁니다.

지금 나라 안에는 전마(戰馬)가 제일 귀하여 만일 군마를 조발(調發)해야 할 일이 생기면 보졸(步卒)밖에 쓸 수 없습니다. 상대는 기병(騎兵)인데 이쪽은 보병(步兵)이라면 어찌 대적할 수 있겠습니까?

지금 섬에서 기르는 말은 마적(馬籍)엔 있으나 실제 말은 없고 세월이 갈수록 손모(損耗)되어 설사 고의로 잃은 것은 아니지만, 섬에 제멋대로 흩어져 있어 야수(野獸)와 다름이 없고 완급(緩急)에 맞추어 쓸 수 없는 형편입니다.

신(臣)이 생각하기로는, 경외(京外)의 무사들 중에 기사(騎射)에 능한 자에게 그 재능을 시험하여 우수한 자를 취하여, 그들로 하여금 직접 목장에 가서 그 도(道)의 도사(都事)와 그 읍(邑)의 감목관(監牧官)의 동감(同監) 아래, 무사가 목장 안으로 들어가서 스스로 수말〔牡馬〕 중에 가히 전시(戰時)에 쓸 만한 것을 골라 그 합격의 순서에 의해 나누어 주고, 그 털빛의 색깔, 크기, 키의 높낮이를 기록하여 마적(馬籍)을 세 부 작성한 다음, 하나는 병조[1]에 보내고 하나는 사복시(司僕寺)[2]에 보내고 하나는 본관에 두게 하여, 잘 먹여서 자기가 타게 하며 매년 연말에는 서울이면 사복시(司僕寺)에서, 지방이면 그 읍(邑)에서 그 말의 살지고 야윔을 살펴 상벌(賞罰)을 행하시면 됩니다.

만약 말이 죽으면 관원에게 알려 그 마시(馬屍)를 검사하고 또 만약 5년 내에 죽었을 경우 그 값을 헤아려 징수하고 5년 이후에 죽었

---

1) 병조(兵曹): 조선 시대 국방을 담당한 부서로서 6조 중의 하나.
2) 사복시(司僕寺): 조선 시대 궁중의 승여(乘輿)·마필(馬匹)·목장(牧場) 등을 맡아보던 관청.

을 경우 그 값을 징수하지 않으며 사변(事變)에 임하여는 마적에 의해 거두어서 전마(戰馬)로 이용하되 기른 자가 종군할 경우 그 말을 이용하게 허용하는 것입니다.

이와 같이 하면 도마(島馬)가 무용(無用)한 채로 쌓이지 않을 것입니다. 또한 널리 당마(唐馬)와 호마(胡馬)를 수입하여, 역시 앞서의 방법처럼 무사들에게 나누어 준다면 무사들도 말이 없음을 걱정 않게 되고 국가 역시 완급(緩急)할 때에 좋은 자원(資源)이 될 것입니다.

원문

所謂備戰馬者, 今之國中, 戰馬最貴, 儻有調發軍馬之事, 則只用步卒而已, 彼騎我步, 何以相敵, 今之島馬, 有籍而無其實, 歲損月耗, 假使不至故失, 散處諸島, 無異野獸, 緩急無以爲用, 臣意京外武士善騎射者, 試其才, 取其優等者, 使往牧場, 本道都事, 及本邑監牧官同監, 使武士就場中, 自擇牡馬之可合戰用者, 以入格之次, 分給而錄其禾毛色大小高低尺寸之數爲三籍, 一上于兵曹, 一送于司僕寺, 一留于本官, 使之善飼自騎, 每年終, 京則司僕寺, 外則本邑, 察其肥瘠, 以行賞罰, 若馬斃則告官撿馬屍, 若死於五年之內, 則量徵其價, 若死於五年之外, 則不徵其價, 臨事變, 則按籍收取, 以爲戰馬, 若其人從軍, 則許令自騎, 如是則島馬不積於無用, 而臨戰有馬矣, 至如廣貿唐馬胡馬, 亦以此法, 分授武士, 則業武者, 不患無馬, 而國有緩急之資矣.

所謂備戰馬者는 今之國中에 戰馬最貴니이다. 儻有調發軍馬之事면

則只用步卒而已니이다. 彼騎我步하면 何以相敵이리오? 今之島馬는

有籍而無其實하여 歲損月耗하니 假使不至故失이라도 散處諸島하여

無異野獸하니 緩急無以爲用이니이다. 臣意京外武士善騎射者를 試其

才하되 取其優等者는 使往牧場이니이다. 本道都事와 及本邑監牧官同

監하여 使武士就場中하여 自擇牡馬之可合戰用者하여 以入格之次하

고 分給而錄其禾毛色大小高低尺寸之數爲三籍이니이다. 一上于兵曹

하고 一送于司僕寺하며 一留于本官하여 使之善飼自騎니이다. 每年終

에 京則司僕寺가 外則本邑이 察其肥瘠하여 以行賞罰하되 若馬斃則

告官撿馬屍하고 若死於五年之內면 則量徵其價하고 若死於五年之外

면 則不徵其價니이다. 臨事變이면 則按籍收取하여 以爲戰馬니이다.

若其人從軍이면 則許令自騎니이다. 如是면 則島馬不積於無用이요

而臨戰有馬矣니이다. 至如廣貿唐馬胡馬도 亦以此法하여 分授武士하

면 則業武者가 不患無馬하여 而國有緩急之資矣니이다.

끝으로 이른바 '명교화(明敎化)'에 대하여 말씀드립니다.

전해 내려오는 말에 "자고로 사람은 모두 죽는 것이지만 백성에게 믿음이 없으면 설 수가 없다"[1]라고 하였습니다.

맹자(孟子)는 "어질면서 그 어버이를 버린 자는 없으며 의로우면

서 그 임금을 뒤로 한 자는 없다"[2]라고 하였습니다.

설사 먹는 것이 족하고 병력도 족한데 진실로 인의가 없다면 어찌 유지되어 나가겠습니까?

지금은 풍속이 박악(薄惡)해지고 의리(義理)는 모두 상실되었습니다.

진실로 기한절신(飢寒切身)에 염치를 돌아보지 아니하고 게다가 교화(敎化)까지 불명(不明)하여 기강〔綱維〕을 진작시키지 못한 연고에서 나온 것입니다.

오기(吳起)[3]는 하나의 웅장(雄將)일 뿐이면서도 그의 언어(言語)는 오히려 도(道)로써 편하게 감싸고 의(義)로써 이를 관리하며 예(禮)로써 이를 움직이고 인(仁)으로써 이를 어루만져 주었습니다.

이 네 가지 덕은 잘 닦으면 흥성해지고 폐(廢)해 버리면 쇠잔(衰殘)해 버리고 마는 것입니다.

또 이르되 "국가를 통제하고 군사를 다스리는 데는 반드시 예로써 이를 교화시키며 의로써 이를 면려(勉勵)하여 스스로 염치를 알게 하는 것이다. 무릇 사람이 염치를 알고 나면 크게는 전쟁에 임하게 할 수 있고 적게는 수비를 시키기에 족하다"라고 하였습니다.

오기(吳起) 같은 이도 오히려 이런 얘기를 했거늘 하물며 지금 성

---

1) 民無信不立: 〈논어(論語)〉 안연편(顔淵篇)에 나오는 말. 「子貢問政, 子曰 : 足食, 足兵, 民信之矣, 子貢曰 : 必不得已而去, 於斯三者何先, 曰 : 去兵, 子貢曰 : 必不得已而去, 於斯二者何先. 曰 : 去食, 自古皆有死, 民無信不立」이라 하였다.

2) 孟子曰 : 이는 〈맹자(孟子)〉 양혜왕편(梁惠王篇)에 나오는 말. 「……苟爲後義而先利. 不奪不饜, 未有仁而遺其親者也, 未有義而後其君者也, 王亦曰仁義而已矣, 何必曰利」라 하였다.

3) 오기(吳起) : 전국 시대 위(衛)나라 사람으로 유명한 병법가. 저서에 〈오자(吳子)〉 6편이 있다. 처음 노(魯)나라 장수가 되어 제(齊)와 싸울 때 자기 처가 제나라 여자라 의심을 받을까 하여 처를 죽이고 출전할 정도로 잔인했으나, 위(魏)나라 문후(文侯)의 장수가 되었을 때는 그의 부하가 종기를 앓자 그 고름을 빨아 줄 정도로 부하를 아꼈다.

왕께서 국가를 다스리는 마당에 어찌 교화를 급선무로 삼아야 할 것을 염려하지 않을 수 있겠습니까?

어리석은 백성은 하루 아침에 급히 가르칠 수 없사오니 마땅히 주자(冑子)[4]부터 시작해야 될 것입니다.

신(臣)이 생각하기로는, 태학(太學)[5]과 사학(四學)[6]의 관원(官員)은 먼저 그 사람을 뽑아 선비의 자제들을 가르치게 하고 외방(外方) 군읍(郡邑)의 향교의 관원은 비록 그에 마땅한 사람을 다 찾을 수는 없다 할지라도 역시 마땅히 규율과 계획대로 나누어서 유도의 학풍을 흥기시켜 점점 백성의 풍속에 미치게 할 것이니 어찌할 길이 없다고 내버려 두어서는 안 될 것입니다.

원 문

所謂明敎化者, 傳有之, 自古皆有死, 民無信不立, 孟子曰未有仁而遺其親者也, 未有義而後其君者也, 假使足食足兵, 苟無仁義, 則寧有維持之勢乎, 今之風俗薄惡, 義理都喪者, 固出於飢寒切身, 不顧廉恥, 而亦由敎化不明, 無以振起綱維故也, 吳起, 一將之雄耳, 其言尙曰綏之以道, 理之以義, 動之以禮, 撫之以仁, 此四德者, 修之則興, 廢之則衰, 又曰凡制國治軍, 必敎之以禮, 勵之以義, 使有恥也, 夫人有恥, 在大足以戰, 在小足以守矣, 吳起猶有此說, 況今聖王爲國, 豈不念敎化之爲先務哉, 蚩蚩之氓,

---

4) 주자(冑子): 맏아들.

5) 태학(太學): 조선 시대 성균관의 별칭.

6) 사학(四學): 조선초에 서울을 동·서·남·북·중 5부로 나누고 여기에 각각 학교를 설치하여 5부 학당이라 하였다. 그 후 남부 학당부터 계속 학사(學舍)를 지어 나가다가 북부 학당은 끝내 설치를 못하고 세종 27, 8년경에 폐지되어 4부 학당만 존속되었다.

一朝不可遽敎, 當自敎胄子始, 臣意太學及四學之官, 先擇其人,
使敎士子, 而外方郡邑之校官, 雖不能盡得其人, 亦宜別爲規畫,
以興起儒風, 漸及於岷俗, 不宜置之無可奈何之地而已也.

읽기

所謂明敎化者는 傳有之하되 『自古皆有死로되 民無信不立』이니라
하고 孟子曰: 『未有仁而遺其親者也요 未有義而後其君者也』니라 하
니 假使足食足兵이라도 苟無仁義면 則寧有維持之勢乎리이까? 今之
風俗薄惡하고 義理都喪者는 固出於飢寒切身이니이다. 不顧廉恥도 而
亦由敎化不明이니 無以振起綱維故也니이다. 吳起는 一將之雄耳로되
其言尙曰綏之以道하고 理之以義하며 動之以禮하고 撫之以仁하니 此
四德者는 修之則興이요 廢之則衰니이다. 又曰: 『凡制國治軍은 必敎
之以禮하고 勵之以義하여 使有恥也』라 하니이다. 夫人有恥는 在大足
以戰하고 在小足以守矣니이다. 吳起猶有此說이어늘 況今聖王爲國이
豈不念敎化之爲先務哉리이까? 蚩蚩之岷은 一朝不可遽敎니 當自敎
胄子始니이다. 臣意太學及四學之官은 先擇其人하여 使敎士子니이다.
而外方郡邑之校官은 雖不能盡得其人이나 亦宜別爲規畫하여 以興起
儒風하되 漸及於岷俗이니 不宜置之無可奈何之地而已也니이다.

학교 모범(學校模範)[1]

하늘이 증민(蒸民)[2]을 내리심에 사물이 있으면 법이 있는 것이니 법을 잡고 덕을 아름답게 함에 그 누가 하늘로부터 받지 않았으리요마는, 다만 사도(師道)가 폐하여 끊어지고 교화(敎化)가 밝지 못하므로 해서 진기작성(振起作成)[3]하지 못하고 있다. 그러므로 선비의 풍습이 투박(偸薄)[4]하여지고 양심(良心)이 묶인 채 망실되어 부박(浮薄)한 공명만 숭상하고 실행을 힘쓰지 아니하여 위로는 조정에 선비가 모자라 벼슬자리가 많이 비어 있고, 아래로는 풍속이 날로 부패하여 윤리의 기강(紀綱)이 상실되어 가고 있다.

생각이 여기에 이르니 참으로 마음이 떨린다. 이제 장차 구습(舊習)에 물든 것을 씻어 버리고, 선비의 기풍을 크게 변화시키고 선비를 택하여 교화하는 도(道)를 다하기 위하여 대략 성현의 가르침을

---

1) 학교 모범(學校模範): 모범(模範)은 규범(規範)과 같음. 배우고 가르치는 자가 힘써야 할 덕목과 경계할 일들을 밝힌 것이다. 그리고 뒤편에는 구체적인 학칙(學則)을 실었다.

2) 증민(蒸民): 백성. 요(堯) 임금 때의 동요에 「立我烝民, 莫匪爾極, 不識不知, 順帝之則」이라 하였다. 증(蒸)과 증(烝)은 같은 뜻.

3) 진기작성(振起作成): 떨쳐 일어나 성취를 거둠.

4) 투박(偸薄): 투안(偸安)만 찾고 엷어짐.

본받아 '학교 모범'을 만드노니, 많은 선비들로 하여금 몸가짐과 일을 처리해 나가는 규범이 무릇 16조(條)로 되어 있다. 제자(弟子)된 자는 진실로 마땅히 준행해야 할 것이며 스승된 자는 더욱 이것으로써 그 몸을 바르게 하여 표준이 되고 솔선하는 도를 다해야 할 것이다.

天生蒸民, 有物有則, 秉彝懿德, 人孰不稟, 只緣師道廢絶, 敎化不明, 無以振起作成, 故士習偸薄, 良心梏亡, 只尚浮名, 不務實行, 以致上之朝廷乏士, 天職多曠, 下之風俗日敗, 倫紀斁喪, 念及于此, 誠可寒心, 今將一洗舊染, 丕變士風, 旣盡擇士, 敎誨之道, 而略倣聖賢謨訓, 撰成學校模範, 使多士以爲飭躬, 制事之規凡十六條, 爲弟子者, 固當遵行, 而爲師者, 尤宜先以此正厥身, 以盡表率之道.

天生蒸民함에 有物有則이요 秉彝懿德이니라. 人孰不稟이리오만 只緣師道廢絶하고 敎化不明하여 無以振起作成이니라. 故로 士習偸薄하고 良心梏亡하여 只尚浮名하고 不務實行하여 以致上之朝廷乏士니라. 天職多曠하고 下之風俗은 日敗하여 倫紀斁喪이니라. 念及于此에 誠可寒心이니라. 今將一洗舊染하여 丕變士風하여 旣盡擇士니라. 敎誨之道를 而略倣聖賢謨訓하여 撰成學校模範이니 使多士以爲飭躬하여

制事之規凡十六條하노니 爲弟子者는 固當遵行이요 而爲師者는 尤宜
先以此正厥身하여 以盡表率之道니라.

첫째는 입지(立志)이다.

배우는 자는 먼저 뜻을 세워서 도로써 자기의 임무를 삼을지니라.
도가 높고 먼 것이 아닌데도, 사람이 스스로 행하지 않고 있으니 만
가지 선(善)이 모두 나에게 갖추어 있기 때문에 달리 구할 필요는
없는 것이다. 고쳐서 늦추지도 말고 의심하여 기다리지도 말며, 다
시금 두려워하지도 말고 어렵다고 주저하지도 말라. 즉시 천지(天
地)를 위하여 마음을 세우고 민생을 위하여 지극함을 세우며, 옛 성
인(往聖)을 위해서 끊어진 학문을 계승하고 만세(萬世)에 태평을 열
어 주기 위하여 목표를 세워야 한다. 물러나서는 스스로 목표하는
바에 금을 그어두고 고식적(姑息的)으로 자신을 용서하는 버릇은 털
끝만큼이라도 가슴 속에 생겨나지 못하게 할 것이며, 훼예(毁譽)·
영욕(榮辱)·이해(利害)·화복(禍福)에 이르러서는 마음을 움직이지
못하도록 해야 하며, 분발하고 힘써서 반드시 성인이 된 후라야 그
치기를 마음 먹는다.

원문

一曰立志, 謂學者先須立志, 以道自任, 道非高遠, 人自不行,
萬善備我, 不待他求, 莫更遲疑等待, 莫更畏難趑趄, 直以爲天地
立心, 爲生民立極, 爲往聖繼絶學, 爲萬世開太平爲標的, 退託自

畫之念, 姑息自恕之習, 不可毫髮萌於胷, 次至於毀譽榮辱利害
禍福, 一切不動其心, 奮發策勵, 必要作聖人而後已.

읽기

一曰「立志」니라. 謂學者는 先須立志하여 以道自任이니라. 道非高
遠이언만 人自不行이로다. 萬善備我하니 不待他求니라. 莫更遲疑等待
하고 莫更畏難趑趄니라. 直以爲天地立心으로 爲生民立極하고 爲往聖
繼絶學으로 爲萬世開太平爲標的이니라. 退託自畫之念하되 姑息自恕
之習은 不可毫髮萌於胷이니 次至於毀譽榮辱利害禍福은 一切不動
其心이니라. 奮發策勵하여 必要作聖人而後已니라.

둘째는 몸을 싸서 거둠[檢身]이다.

배우는 자는 이미 성인이 되겠다는 뜻을 세운 이상, 반드시 구습
을 씻어 버리고 한 가지 생각으로 학문을 지향하여 몸가짐과 행동을
거두어 묶어야 한다.

평소 거(居)함에는 일찍 일어나고 밤늦게 자며, 의관은 반드시 정
숙하게 하고 용모는 장중하게 하며, 보고 들음엔 반드시 단정하게
하며, 거처는 반드시 공경하게 하며, 걷거나 서거나 할 때 바르게 하
고 음식은 반드시 절제 있게 하며, 글씨는 경건하게 쓰고 책상은 반
드시 가지런하게 하며, 서재[堂室]는 반드시 깨끗하게 해야 한다. 그
리고 늘 구용(九容)[1]으로 몸을 가져야 하니, 족용중(足容重, 경솔하게

걷지 않는다. 만약 어른 앞에 나갈 때에는 여기에 얽매이지 않는다)하고, 수용공(手容恭, 손은 게으르고 해이하게 두지 않는다. 만일 일이 없으면 단정하게 거두고 망동하지 않는다)하고, 목용단(目容端, 눈동자를 안정되게 한다. 눈을 바르게 하고 흘겨보거나 사특하게 보아서는 아니 된다)하고, 구용지(口容止, 말할 때와 음식을 먹을 때 외에는 입을 움직이지 않는다)하며, 성용정(聲容靜, 목소리는 늘 바른 발음을 해야 하고 쓸데없이 가래침 뱉는 것처럼 시끄러운 소리를 내서는 안 된다)하고, 두용직(頭容直, 머리는 바르게 하여 몸과 직선이 되게 하며 기울거나 한쪽으로 치우치지 않게 한다)하며, 기용숙(氣容肅, 호흡은 늘 콧소리와 고르게 하고 소리를 내지 않는다), 입용덕(立容德, 바르게 서며 기대지 않고 엄연하여 덕 있는 기상이 있어야 한다)하며, 색용장(色容莊, 안색이 정제해서 태만한 기색이 있어서는 안 된다)할 것이다. 또는 예(禮) 아니면 보지 말고, 예 아니면 듣지 말고, 예 아니면 말하지 말고, 예 아니면 행동하지 말 것이다.[2] 소위 '예가 아니면' 하는 말은 조금이라도 천리(天理)에 위배되면 이가 곧 '예가 아닌 것'이니 조악(粗惡)한 예를 들어 말한다면 창우(倡優)들의 바르지 못한 형색이라든지 속된 음악에서 음미(淫靡)한 소리라든지 비루하고 외설스럽고 오만한 놀이라든지 방탕 황란(荒亂)한 연회 등은 더욱더 금하고 끊어야 될 것이다.

---

1) 구용(九容): 이는 〈논어(論語)〉의 군자구사(君子九思)와 상통한 점이 있다. 계씨편(季氏篇)에 「孔子曰 : 君子有九思, 視思明, 聽思聰, 色思溫, 貌思恭, 言思忠, 事思敬, 疑思問, 忿思難, 見得思義」라 하였다.

2) 비례물시(非禮勿視): 〈논어(論語)〉 안연편(顏淵篇)에 「顏淵問仁. 子曰 : 克己復禮爲仁, 一日克己復禮, 天下歸焉, 爲仁由己, 而由人乎哉, 顏淵曰 : 請問其目. 子曰 : 非禮勿視, 非禮勿聽, 非禮勿言, 非禮勿動. 顏淵曰 : 回雖不敏, 請事斯語矣」라 하였다.

二曰撿身, 謂學者旣立作聖之志, 則必須洗滌舊習, 一意向學, 撿束身行, 平居, 夙興夜寐, 衣冠必整, 容貌必莊, 視聽必端, 居處必恭, 步立必正, 飮食必節, 寫字必敬, 几案必齊, 堂室必淨, 常以九容持身, 足容重 不輕擧也, 若趨于尊長之前, 不可拘此, 手容恭 手無慢弛, 無事, 則當端拱, 不妄動, 目容端 定其眼睫, 視瞻當正, 不可流眄邪睇 口容止 非音語飮食之時, 則口常不動, 聲容靜 當整攝形氣, 不可出噦咳等雜聲, 頭容直 當正頭直身, 不可傾回偏倚, 氣容肅 當調和鼻息, 不可使有聲氣, 立容德 中立不倚儼然有德之氣象, 色容莊 顔色整齊, 無怠慢之氣, 非禮勿視, 非禮勿聽, 非禮勿言, 非禮勿動, 所謂非禮者, 稍違天理, 則便是非禮, 如以粗處言之, 則倡優不正之色, 俗樂淫靡之聲, 鄙褻傲慢之戲, 流連荒亂之宴, 尤宜禁絶.

二曰「撿身」이니라. 謂學者는 旣立作聖之志하면 則必須洗滌舊習이니라. 一意向學하되 撿束身行이니라. 平居엔 夙興夜寐하고 衣冠必整하며 容貌必莊하고 視聽必端하며 居處必恭하고 步立必正하며 飮食必節하고 寫字必敬하며 几案必齊하고 堂室必淨이니라. 常以九容持身하니 足容重하고(不輕擧也, 若趨于尊長之前, 不可拘此,) 手容恭하고(手無慢弛, 無事, 則當端拱, 不妄動,) 目容端하고(定其眼睫, 視瞻當正, 不可流眄邪睇) 口容止하며(非音語飮食之時, 則口常不動,) 聲容靜하고(當整攝形氣, 不可出噦咳等雜聲,) 頭容直하며(當正頭直身, 不可傾回偏倚,) 氣容肅하고(當調和鼻息, 不可使有聲氣,) 立容德하며(中立不倚儼然有德之氣象,) 色容莊할지니라(顔色整齊, 無怠慢之氣,). 非禮勿視하고 非禮勿聽하며 非禮勿言하고 非禮勿動이니라. 所謂非禮者는 稍違天理하면 則便

是非禮니라. 如以粗處言之하면 則倡優不正之色과 俗樂淫靡之聲과
鄙藝傲慢之戲와 流連荒亂之宴을 尤宜禁絶할지니라.

셋째는 글읽기[讀書]이다.

배우는 자가 이미 선비의 행동으로써 몸을 거두어 지킨다면, 모름지기 독서와 강학(講學)으로 의리를 밝힌 연후라야 학문에 나아가는 길에서 향하는 바가 혼미하지 아니할 것이다. 스승을 좇아 학업을 배우되 배움은 넓어야 하고 질문은 자세해야 하며 생각은 조심스러워야 하고 분별은 명확해야 한다.[1] 그래서 잠기고 젖어서 반드시 마음으로 터득하기를 기할 수 있는 것이다. 매번 글읽을 때에는 반드시 얼굴을 정숙하게 하고, 단정히 앉아서 마음과 뜻을 전치(專致)하게 하여 한 가지 글이 이미 익은 다음에 비로소 다른 글을 읽을 것이요, 널리 보기만 힘쓰지 말아야 하고 사실을 억지로 외려 들지 말아야 한다. 글 읽는 순서는 〈소학(小學)〉[2]을 먼저 배워 그 근본을 배양하고, 다음에는 〈대학(大學)〉[3]과 〈근사록(近思錄)〉[4]으로써 그 규모를 정하고, 그 다음에는 〈논어(論語)〉[5], 〈맹자(孟子)〉[6], 〈중용(中庸)〉[7],

---

1) 〈중용(中庸)〉 20장에 「博學之, 審問之, 愼思之, 明辨之, 篤行之」라 하였다.
2) 〈소학(小學)〉: 주희(朱熹)가 어린이들에게 예절·응대 등을 가르치기 위해 펴낸 책.
3) 〈대학(大學)〉: 원래 〈예기(禮記)〉 속의 한 편이었던 것을 주희가 〈중용(中庸)〉과 함께 뽑아 내어 〈논어〉·〈맹자〉와 더불어 사서(四書)로 삼고 집주하였다.
4) 〈근사록(近思錄)〉: 송(宋)나라 때 주희(朱熹)와 여조겸(呂祖謙)이 함께 편한 책으로 14권. 주돈이(周敦頤)·장재(張載)·정호(程顥)·정이(程頤) 네 사람의 일용에 관계된 말들을 모은 것으로 성리서(性理書)의 조(祖)가 되었다.
5) 〈논어(論語)〉: 공자의 제자들이 편찬한 책으로 공자의 언행과 제자들과의 토론 내용을 적음. 유가의 경전.
6) 〈맹자(孟子)〉: 맹자와 그 제자들, 혹은 맹자가 주유하며 한 말을 적음. 유가의 경전.

오경(五經)[8]을 읽고, 그 사이에 〈사기(史記)〉[9] 및 선현의 성리서(性理書)[10]를 읽어 의취(意趣)를 넓히고 식견을 정밀하게 할 것이며, 성인이 짓지 않은 글은 읽지 말고, 무익한 글은 보지 말아야 한다. 글 읽고 난 여가에는 때때로 기예(技藝)를 익히되 예를 들면 거문고 타기·활쏘기 연습·투호 등이다. 이들 또한 모두 의구(儀矩)가 있으니 때가 아니거든 놀지 말고, 장기·바둑 등 잡된 놀이는 결코 눈에 붙여서 실제의 공부에 방해되어서는 아니 된다.

三曰讀書, 謂學者, 旣以儒行撿身, 則必須讀書講學, 以明義理, 然後進學, 功程不迷所向矣, 從師受業, 學必博, 問必審, 思必愼, 辨必明, 沈潛涵泳, 必期心得, 每讀書時, 必肅容危坐, 專心致志, 一書已熟, 方讀一書, 毋務汎覽, 毋事彊記, 其讀書之序, 則先以小學, 培其根本, 次以大學及近思錄, 定其規模, 次讀論孟中庸五經, 間以史記及先賢性理之書, 以廣意趣, 以精識見, 而非聖之書, 勿讀, 無益之文, 勿觀, 讀書之暇, 時或游藝, 如彈琴習射投壺等事, 各有儀矩, 非時勿弄, 若博弈等雜戲, 則不可寓目, 以妨實功.

---

7) 〈중용(中庸)〉: 원래 〈예기〉 속의 한 편. 주자가 뽑아 사서로 만들었다.

8) 오경(五經): 〈시경(詩經)〉, 〈서경(書經)〉, 〈역경(易經)〉, 〈춘추(春秋)〉, 〈예기(禮記)〉, 원래 〈악경(樂經)〉을 넣어 육경(六經)이었으나 악경이 망일(亡佚)되자 오경(五經)으로 줄어들었다.

9) 〈사기(史記)〉: 사마천(司馬遷)이 고대 이래 한나라 중기[西漢]까지를 기술한 역사책으로 기전체(紀傳體) 정사(正史)의 조(祖)가 되었다.

10) 성리서(性理書): 송(宋) 이후 발달한 이학(理學, 性理學)에 관계된 책들. 즉 성리대전(性理大全) 및 이학가(理學家)들의 문집(文集) 등.

三曰「讀書」니라. 謂學者는 旣以儒行撿身이면 則必須讀書講學하여 以明義理한 然後에 進學이니라. 功程不迷所向矣니라. 從師受業하되 學必博하고 問必審하며 思必愼하고 辨必明이니라. 沈潛涵泳하되 必期心得이니라. 每讀書時엔 必肅容危坐하여 專心致志하되 一書已熟이면 方讀一書니라. 毋務汎覽하고 毋事彊記니라. 其讀書之序는 則先以小學하여 培其根本하고 次以大學及近思錄하여 定其規模하며 次讀論孟中庸五經하되 間以史記及先賢性理之書하여 以廣意趣니라. 以精識見하되 而非聖之書는 勿讀이니라. 無益之文은 勿觀이니라. 讀書之暇엔 時或游藝하되 如彈琴習射投壺等事니라. 各有儀矩하니 非時勿弄이니라. 若博弈等雜戲는 則不可寓目이니 以妨實功이니라.

넷째는 말을 삼가는 것〔愼言〕이다.

배우는 자가 선비의 행동을 닦으려면 모름지기 기본틀을 삼가야 한다.

사람의 과실은 언어로부터 오는 것이 많으니, 말은 반드시 충성스럽고 믿음직스럽게 하되 때맞추어 말하고, 긍정이나 허락을 무겁게 생각해야 하고, 목소리를 조용하고 엄숙하게 하며 희롱과 해학이나 시끄럽게 떠들지 말아야 한다. 다만 문자와 이치에 유익한 말만 하고 허황한 귀신의 이야기나 거리의 상스러운 말은 입에 담지 말아야

한다. 그리고 무리들을 따라서 공리공담으로 날을 보내거나 시대의
정치를 함부로 논란하거나, 남의 장단점을 논하는 것은 모두 공부에
방해되고 일에 해가 되는 것이니 일체 경계해야 할 것들이다.

四曰愼言, 謂學者, 欲飭儒行, 須愼樞機, 人之過失, 多由言語,
言必忠信, 發必以時, 重然諾, 肅聲氣, 毋戲謔, 毋諠譁, 只作文字
義理, 有益之話, 若荒雜怪神及市井鄙俚之說, 不可出諸其口, 至
如追逐儕輩, 空談度日, 妄論時政, 方人長短, 皆妨功害事, 切宜
戒之.

四曰「愼言」이니라. 謂學者는 欲飭儒行하여 須愼樞機니라. 人之過
失은 多由言語이니 言必忠信하여 發必以時니라. 重然諾하고 肅聲氣하
며 毋戲謔하고 毋諠譁니라. 只作文字義理로 有益之話하되 若荒雜怪
神及市井鄙俚之說은 不可出諸其口니라. 至如追逐儕輩하고 空談度
日하며 妄論時政하고 方人長短은 皆妨功害事이니 切宜戒之니라.

다섯째는 마음속에 잘 간직함〔存心〕이다.

배우는 자가 몸을 닦으려 함에, 반드시 안으로 마음을 바로 가려
서 외물(外物)의 유혹을 받지 않은 연후에야 마음이 태연하여 여러

가지 사악함이 물러나서, 바야흐로 충실한 덕에 나아갈 수 있게 된다. 그러므로 배우는 자는 먼저 마땅히 마음을 가라앉히고 고요히 앉아서 마음속에 잘 간직하며 조용한 가운데에 흐트러지지도 않고, 사리에 어둡게 되지도 않음으로써, 근본을 세워야 한다. 만약에 일념(一念)이 생길 때에는 반드시 선악의 기미를 살펴, 그것이 선(善)일 때에는 그 의리(義理)를 깊이 연구하고, 그것이 악일 때에는 그 싹을 잘라 버려 마음을 양성함과 살핌에 노력이 끊이지 않으면 동정(動靜)과 운위(云爲)에 의리(義理)와 당연한 법칙에 맞지 않은 것이 없게 될 것이다.

五曰存心, 謂學者, 欲身之修, 必須內正其心, 不爲物誘, 然後天君泰然, 百邪退伏, 方進實德, 故學者, 先務當靜坐存心, 寂然之中, 不散亂, 不昏昧, 以立大本. 而若一念之發, 則必審善惡之幾, 善則窮其義理, 惡則絶其萌芽, 存養省察, 勉勉不已, 則動靜, 云爲無不合乎義理, 當然之則矣.

五曰「存心」이니라. 謂學者는 欲身之修하되 必須內正其心이니라. 不爲物誘한 然後에 天君泰然하며 百邪退伏하여 方進實德이니라. 故로 學者는 先務當靜坐存心하여 寂然之中에 不散亂하며 不昏昧하여 以立大本이니라. 而若一念之發이면 則必審善惡之幾하되 善則窮其義理

하고 惡則絕其萌芽니라. 存養省察하여 勉勉不已하면 則動靜과 云爲가
無不合乎義理하여 當然之則矣니라.

　　여섯째는 어버이를 섬기는 일〔事親〕이다.

　　선비의 온갖 행실에 효도와 우애가 근본이요, 죄목 3,000가지에
불효가 제일 큰 것이다.[1] 어버이를 섬기는 이는 반드시 평소에는 그
공경을 다하여 어른의 명을 순순히 좇는 예(禮)를 다하고, 받들어
모심에는 그 즐거움을 다하여 음식의 봉양을 다하고, 병환에는 극진
한 근심으로 의약의 처방을 다하고, 상사(喪事)에는 지극한 슬픔으
로 마지막 이별의 도(道)를 다할 것이요, 제사(祭祀)의 행사에는 엄
숙함으로 멀리 추모의 성의를 다하여야 할 것이다.[2] 겨울에는 따스
하게 해 드리고 여름에는 시원하게 해 드리며, 아침 저녁으로 보살
펴 드림과 외출할 때에는 반드시 알리고 돌아와서는 반드시 뵈옵
는[3] 것을 모두 성인의 교훈을 좇지 않음이 없게 하고, 만일에 잘못
이 있을 때에는 성의를 다하고 가볍게 간하고 말리어 점차로 도리로
비유하며 스스로 내 몸을 돌아보아 불비한 행동이 없이 하며, 시종
덕을 온전히 하여 부모를 욕되게 하지 않아야 비로소 능히 어버이를
섬긴다고 말할 수 있는 것이다.

---

1) 罪列三千 : 〈효경(孝經)〉에 「子曰 : 五刑之屬, 三千而罪莫大於不孝」라 하였다.
2) 事親者 : 〈효경(孝經)〉에 「子曰 : 孝子之思親, 居則致其敬, 養則致其樂, 病則致其憂, 喪則
　　致其哀, 祭則致其嚴, 五者備矣, 然後能事親」이라 하였다.
3) 出告反面 : 〈예기(禮記)〉 곡례편(曲禮篇)에 「夫爲人子者, 出必告, 反必面, 所遊必有常
　　所習必有業」라 하였다.

六日事親, 謂士有百行, 孝悌爲本, 罪列三千, 不孝爲大, 事親者, 必須居則致敬, 以盡承順之禮, 養則致樂, 以盡口體之奉, 病則致憂, 以盡醫藥之方, 喪則致哀, 以盡愼終之道, 祭則致嚴, 以盡追遠之誠, 至於溫淸定省, 出告反面, 莫不一遵聖賢之訓, 如値有過, 盡誠微諫, 漸喻以道, 而內顧吾身, 無行不備, 始終全德, 無忝所生, 然後, 可謂能事親矣.

六日「事親」이니라. 謂士有百行하되 孝悌爲本이니 『罪列三千이나 不孝爲大』라 하니라. 事親者는 必須居則致敬하여 以盡承順之禮하고 養則致樂하여 以盡口體之奉하며 病則致憂하여 以盡醫藥之方하고 喪則致哀하여 以盡愼終之道하며 祭則致嚴하여 以盡追遠之誠이니라. 至於溫淸定省하고 出告反面은 莫不一遵聖賢之訓이니라. 如値有過면 盡誠微諫하되 漸喻以道하여 而內顧吾身하여 無行不備하되 始終全德하여 無忝所生한 然後에 可謂能事親矣니라.

일곱째는 스승을 섬김〔事師〕이다.

배우는 자가 성심으로 도에 지향한다면 모름지기 먼저 스승 섬기는 도리를 높여야 한다. 사람은 세 가지에서 났으므로 섬기기를 같이 하는 것이니[1] 어찌 마음을 다하지 않으랴? 함께 살게 되면 새벽

과 저녁에 참알(參謁)하고, 따로 살게 되면 공부 배울 때에 뵈옵고
초하루 보름의 모두 만날 때에는 두 번 절하는 예(禮)로써 뵈옵고,
평상시 모셔 받듦에 존경을 다하고 가르침을 돈독히 하고 믿음직스
럽게 해서 복종함을 잃지 말아야 할 것이다. 만일 말씀과 행하는 일
에 의심나는 점이 있을 때는 모름지기 조용히 질문하여 그 득실을
분별할 것이요, 자기의 사견(私見)으로서 바르게 여겨 마구 스승을
비난하지 말며, 또는 옳은 도리를 생각하지 아니하고 스승의 말만을
믿어서도 옳지 못한 것이다. 봉양에 대해서는 힘에 따라 성의를 극
진히 하여 제자의 직분을 다해야 한다.

七日事師, 謂學者, 誠心向道, 則必須先隆事師之道, 民生於三,
事之如一, 其可不盡心歟, 同處, 則晨昏參謁, 異處, 則於受業時
參謁, 朔望齊會, 行禮見再拜, 平居, 侍奉極其尊敬, 篤信敎誨, 服
膺不失, 如値言論行事, 有可疑者, 則須從容講問, 以辨得失, 不
可直以己見, 便非議其師, 亦不可不思義理而只信師說, 至於奉
養之宜, 亦當隨力致誠, 以盡弟子之職.

　　　　　칠 왈　　　사 사　　　　　　위 학 자　　　성 심 향 도　　　　　즉 필 수 선 룡 사 사 지 도
　　　七曰「事師」니라. 謂學者는 誠心向道하면 則必須先隆事師之道니
　　　민 생 어 삼　　　　사 지 여 일　　　기 가 부 진 심 여　　　　동 처　　　즉 신 혼 참
라. 民生於三하니 事之如一이니 其可不盡心歟리오? 同處면 則晨昏參

---

1) 民生於三: 군사부일체(君師父一體)를 두고 한 말.

謁하고 異處면 則於受業時參謁이니라. 朔望齊會엔 行禮見再拜니라.
平居엔 侍奉極其尊敬이니라. 篤信敎誨하며 服膺不失하되 如値言論行
事하여 有可疑者면 則須從容講問하여 以辨得失하되 不可直以己見하
며 便非議其師니라. 亦不可不思義理而只信師說이니라. 至於奉養
之宜도 亦當隨力致誠하여 以盡弟子之職이니라.

여덟째는 벗을 택함〔擇友〕이다.

도를 전해 받고 의혹을 해결하는 것은 비록 스승에게 힘입는 것이지만[1] 서로 은택을 주고 인(仁)을 돕는 것은 진실로 벗에 의지하는 것이다.[2] 배우는 자는 반드시 충성과 신의, 효도와 우애, 강직하고 방정하게 해서 돈독한 선비를 선택하여 더불어 교우(交友)로 정하여 과실이 있으면 서로 경계하고 서로 절차탁마(切磋琢磨)[3]하여 친구 사이의 윤리를 다할지니, 만일 뜻을 세움이 돈독하지 못하고 거두고 묶는 절제가 엄밀하지 못하고 떠돌아다님과 즐겁게 노는 것만 좋아하고 말이나 기운만 숭상하는 자는 모두 벗으로 사귀지 말아야 한다.[4]

---

1) 傳道解惑: 한유(韓愈)의 〈사설(師說)〉에 「師者, 所以傳道, 授業, 解惑也」라 하였다.
2) 輔仁: 〈논어(論語)〉 안연(顔淵)편에 「君子以文會友, 以友輔仁」이라 하였다.
3) 切磋琢磨: 갈고 닦아서 가꿈. 〈시경(詩經)〉 위풍 기욱편(衛風 淇奧篇)에 「如切如磋」라 하였다.
4) 이 내용은 〈논어(論語)〉 계씨편(季氏篇)의 「益者三友」의 내용과 연관이 있다.

> 八曰擇友, 謂傳道解惑, 雖在於師, 而麗澤輔仁, 實賴朋友, 學
> 者, 必須擇忠信孝弟剛方敦篤之士, 與之定交, 相箴以失相, 責以
> 善, 切磋琢磨, 以盡朋友之倫, 若立心不篤, 撿束不嚴, 浮浪嬉遊,
> 尚言尚氣者, 皆不可與之交也.

八曰「擇友」니라. 謂『傳道·解惑』이라 하나 雖在於師라도 而麗澤
輔仁은 實賴朋友니라. 學者는 必須擇忠信·孝弟·剛方·敦篤之士
하여 與之定交하되 相箴以失相하고 責以善이니라. 切磋琢磨하여 以盡
朋友之倫이니라. 若立心不篤하고 撿束不嚴하며 浮浪嬉遊하고 尙言尙
氣者는 皆不可與之交也니라.

아홉째는 가정 생활〔居家〕이다.

배우는 자가 이미 심신을 닦으려 한다면 반드시 가정에서 윤리를
다하여, 형은 우애하고 아우는 공손하여 한 몸같이 보며, 남편은 온
화하고 아내는 양순하여 예의를 잃지 말 것이며, 의(義)로운 방법으
로써 자녀를 교육하되 사랑만 가지고 총명을 현혹시키지 말 것이다.
그리고 가정을 통솔하는 데는 엄숙함을 주로 하되 관대한 용서를 행
하여, 굶주림과 추위에 대한 사정을 헤아려 생각하고, 위아래가 정
연하고 엄숙하여, 안팎의 구별이 있어서 한 집안 일의 처리는 극진

한 도리를 쓰지 않음이 없어야 한다.

　九曰居家, 謂學者, 旣修身心, 則居家須盡倫理, 兄友弟恭, 而
視若一體, 夫和妻順, 而毋失於禮, 訓子以義方, 而不以愛惑聰,
至於御家衆, 主嚴而行恕, 軫念其飢寒, 上下整肅, 內外有別, 一
家所處之事, 宜無所不用其極.

九曰「居家」니라. 謂學者는 旣修身心하면 則居家須盡倫理니라. 兄
友弟恭하여 而視若一體하며 夫和妻順하여 而毋失於禮니라. 訓子以義
方하여 而不以愛惑聰이니라. 至於御家衆엔 主嚴而行恕하고 軫念其飢
寒하여 上下整肅하고 內外有別이니라. 一家所處之事는 宜無所不用其
極이니라.

열번째는 사람을 접함〔接人〕이다.

배우는 자가 이미 가정을 바로잡았으면 그것을 사람 접하는 데까
지 미루어 한결같이 예의를 준수하여, 어른을 공경히 섬기되(침식과
보행(步行)을 모두 어른보다 뒤에 하되, 나이가 10세 이상 위이면 형같이
모시고, 배(倍) 이상 위이면 더욱 공손하게 대우하여야 한다)[1] 어린이는

---

1) 事長以弟:〈예기(禮記)〉곡례(曲禮)에 「恒言不稱老年, 長以倍則父事之, 十年以長, 則兄

자애(慈愛)로써 어루만져 주어야 하고 가족들에게는 화목하게 하고,
이웃들과는 잘 사귀어 즐거워하는 마음을 얻어야 한다. 매양 덕과
학업을 서로 권장하고 허물은 서로 고쳐 주며, 예의와 풍속을 서로
성취시키고 어려운 일은 서로 구휼(救恤)하여,[2] 항상 남을 이롭게
하고 사물에 이로움이 있기를 생각하여야 한다. 남을 상해(傷害)하
거나 사물을 해칠 생각은 털끝만큼이라도 마음속에 머물러 두지 말
아야 할 것이다.

원문

> 十日接人, 謂學者, 旣正其家, 則推以接人, 一遵禮義, 事長以
> 弟 如寢食行步, 皆後長者, 十年以長, 則 撫幼以慈, 至於睦族交鄰, 無不
> 以兄事之, 年長以倍, 則待之益恭,
> 得其歡心, 每以德業相勸, 過失相規, 禮俗相交, 患難相恤, 常懷
> 濟人利物之心, 若傷人害物底意思, 則不可一毫, 留於心曲.

읽기

十日「接人」이니라. 謂學者는 旣正其家하면 則推以接人하여 一遵
禮義니라. 事長以弟하고 如寢食行步, 皆後長者, 十年以長, 則 撫幼以慈니
以兄事之, 年長以倍, 則待之益恭,
라. 至於睦族交鄰엔 無不得其歡心이니라. 每以『德業相勸』하고『過
失相規』하며『禮俗相交』하고『患難相恤』이니라. 常懷濟人利物之心
하되 若傷人害物底意思면 則不可一毫라도 留於心曲이니라.

　　事之, 五年以長, 則肩隨之」라 했으며 주에 「肩隨者與之並行, 差退」라 풀이했다.
　2) 德業相勸, 過失相規, 禮俗相交, 患難相恤: 이 네 가지는 바로 향약(鄕約)의 기본 덕목이
　　다.

열한번째는 과거에 응하는 것〔應擧〕이다.

과거 급제는 비록 뜻있는 선비가 급급히 구할 바는 아니다. 요즈음에는 그것이 벼슬에 통하는 길이 되어 있으니, 만일 도학(道學)에 온 마음을 쏟아서 진퇴(進退)를 예의로 하는 이는 과거를 숭상해서는 안 되는 것이지만, 국가의 빛남을 보고서 과거에 응시를 면할 수 없을 때면 또한 마땅히 성심으로써 공(功)을 이룰 것이요, 날짜만 헛되이 보내서는 아니 된다. 다만 과거의 득실로써 그 지킬 바를 잃을 것이 아니요, 또 항상 몸을 세워 도를 행하여 임금에게 충성하고 보국(報國)할 생각을 가질 것이요, 그저 구차스레 따뜻하고 배 부름만을 구할 것이 아니다. 진실로 도를 지향하여 게으르지 아니하고, 날로 행하는 일을 도리대로 따르면 과거 공부도 역시 나날이 하는 일 중의 한 가지이니 어찌 실제의 공부에 방해될 것인가? 오늘날 사람들이 매양 과거에 뜻을 빼앗길까 염려하는 것은 득실에 생각이 움직임을 면치 못하는 까닭이다. 또 요즈음의 선비들 고질은 게으르고 방종하며, 글읽기에 힘쓰지 아니하고, 도학을 사모한다 하면서 과거 공부를 자세히 하지 못하여 한갓 세월만 보내고, 학문과 과거 공부 중 한 가지도 성취하지 못하는 자가 많은 것이니 이것이 가장 경계할 점이다.

十一曰應擧, 謂科第雖非志士所汲汲, 亦近世入仕之通規, 若專志道學, 進退以禮義者, 則不可尚已, 如或觀國之光, 不免應擧, 則亦當以誠心做功, 勿浪過時月, 但不可以得失, 喪其所守, 且常懷立身行道, 忠君報國之念, 不可苟求溫飽而已, 苟能志道

不忌, 日用無非循理, 則科業亦日用間一事也, 何害於實功, 今人
每患奪志者, 不免以得失動念故也, 且近日士子通病, 怠情放弛,
不務讀書, 自謂志慕道學, 不屑科業, 而悠悠度日, 學問科業兩無
所成者多矣, 最可爲戒.

읽기

十一曰 「應擧」니라. 謂科第는 雖非志士所汲汲이나 亦近世入仕之
通規이니라. 若專志道學하고 進退以禮義者면 則不可尙已니라. 如或
觀國之光하고 不免應擧면 則亦當以誠心做功이니라. 勿浪過時月하되
但不可以得失하여 喪其所守이니라. 且常懷立身行道하고 忠君報國之
念하여 不可苟求溫飽而已니라. 苟能志道不怠하고 日用無非循理이면
則科業亦日用間一事也이니 何害於實功이리오? 今人每患奪志者는
不免以得失動念故也니라. 且近日士子通病은 怠情放弛하고 不務讀
書하며 自謂志慕道學하고 不屑科業하여 而悠悠度日하며 學問科業兩
無所成者多矣니라. 最可爲戒이니라.

열두번째는 의를 지키는 일〔守義〕이다.

배우는 자는 의(義)와 이(利)의 분별을 하는 것보다 급한 것이 없
으니 의란 것은 '무엇을 위해서 하는 것'이 아니다.

조금이라도 '무엇을 위해서 하는 것'이라면 그것은 곧 이(利)를
따라가는 무리이니 어찌 경계하지 않으랴? 선(善)을 위한다면서 이

름을 구하는 것은 이(利)를 구하는 마음이니, 군자는 그것을 벽을 뚫는 짓보다 더 심하게 보거늘,[1] 하물며 불선(不善)을 행하면서 이득을 보겠다는 자임에랴? 배우는 자는 털끝만한 이욕이라도 가슴 가운데 간직해서는 아니 된다. 옛 사람은 부모를 위하여 노동에 힘씀에 비록 품팔이와 쌀을 짊어지는 일도 불사하면서 그의 마음은 항상 개결(介潔)하여 이(利) 때문에 땀을 흘리지는 않았는데, 오늘날의 선비가 된 자는 온종일 성현의 글을 읽으면서도 오히려 이심이 있음을 면하지 못하니 그 어찌 애석한 일이 아니리요. 비록 혹시 집이 가난하여 생계를 영위하자면 할 수 없이 여러 가지 계획을 경영하지 않을 수 없으나 다만 이득을 구하는 생각은 싹트지 못하게 해야 한다. 그리하여 주고받고 하는 데 언제든지 그 당연한가 아닌가를 살피고 물질의 얻음이 있을 때에는 의를 생각해야 하고[2] 털끝만큼이라도 구차스럽게 지나쳐 버려서는 안 된다.

十二曰守義, 謂學者, 莫急於辨義利之分, 義者, 無所爲而爲之者也, 稍有所爲, 皆是爲利蹠之徒也, 可不戒哉, 爲善而求名者, 亦利心也, 君子視之, 甚於穿窬, 況爲不善而征利者乎, 學者, 不可以一毫利心存諸胷中, 古人爲親服勞, 雖行傭負米, 亦所不辭,

---

1) 천유(穿窬): 벽을 뚫거나 울을 넘어 남의 물건을 훔치는 일. 穿踰로도 씀. 〈논어(論語)〉 양화편(陽貨篇)에 「子曰: 色厲而內荏, 譬諸小人, 其猶穿窬之盜也與?」라 하였고 〈맹자(孟子)〉 진심(盡心)(下)에는 「人能充無穿踰之心, 而義不可勝用也」라 하였다.

2) 見得思義: 〈논어(論語)〉 계씨편(季氏篇)의 「君子有九思」 중에도 이 말이 나오며, 또한 자장편(子張篇)에 「子張曰 : 士見危致命, 見得思義, 祭思敬 喪思哀, 其可已矣」라는 말이 있다.

而其心介潔, 不爲利汙, 今之爲士者, 終日讀聖賢書, 而尙不免有
利心, 豈不可哀也哉, 雖或家貧營養, 不免有所經畫, 但不可萌求
利之念耳, 至於辭受取與, 審察當否, 見得思義, 不可一毫苟旦放
過.

읽기

十二曰「守義」니라. 謂學者는 莫急於辨義利之分이니라. 義者는 無
所爲而爲之者也니라. 稍有所爲는 皆是爲利蹠之徒也이니 可不戒哉리
오! 爲善而求名者도 亦利心也니라. 君子視之하되 甚於穿窬니 況爲不
善而征利者乎리오? 學者는 不可以一毫利心存諸胷中이니라. 古人爲
親服勞함에 雖行傭負米라도 亦所不辭하여 而其心介潔에 不爲利汙한
대 今之爲士者는 終日讀聖賢書로되 而尙不免有利心하니 豈不可哀
也哉리오! 雖或家貧營養이라도 不免有所經畫이나 但不可萌求利之念
耳이니라. 至於辭受取與하여는 審察當否하여 『見得思義』리니 不可一
毫苟旦放過니라.

열세번째는 충을 숭상함〔尙忠〕이다.

충후(忠厚)와 기절(氣節)은 서로 표리(表裏)가 되는 것이다. 스스
로 지키는 절조가 없이 적당히 하는 것으로 충후(忠厚)를 삼는 것은
옳지 못하고, 근본의 덕이 없이 고침과 과격으로써 기절(氣節)을 삼
아서도 안 된다. 세속이 경박하매 실덕(實德)이 날로 상실되어 괴변

과 아부로써 남을 따르지 않으면 반드시 거만스럽게 기질을 숭상하는 자가 있어서 중용을 지키는 선비를 얻어 보기가 실로 어렵게 되었다. 〈시경〉에 "온화하고 공손한 사람이여, 오직 덕의 기초로다"〔溫溫恭人 維德之基〕[1] 하였고 "약한 자라도 업신여기지 아니하고 강(剛)한 자라도 두려워하지 아니한다"〔柔亦不茹 剛亦不吐〕[2] 하였다. 반드시 온공(溫恭)하고 화순하여 근본이 깊고 두터워진 뒤에라야 이에 능히 정의를 수립하여 큰 절개에 다다라서도 그 뜻을 빼앗기지 아니하게 된다. 저 비루하고 아첨하는 못난 자는 말할 나위도 없거니와, 명색이 학문한다는 선비로서 자신의 재주와 어질다는 것만 믿고 남을 경멸하고 사물을 모욕하는 자는, 그 피해는 말로 다 할 수 없을 것이니 조그마한 이득으로써 만족하고 스스로 좋아하는 자를 어찌 진정 기개 있는 자라고 하리요? 요즈음 선비들의 이와 같은 병폐는 진실로 예학(禮學)이 밝지 못하여 허례와 교만이 습성을 이룬 데서 생긴 것이다. 그러므로 모름지기 예학(禮學)을 강명(講明)하여 윗사람을 높이고 어른을 공경하는 도리를 다하여야 한다. 진실로 이와 같이 하면 충후(忠厚)와 기절을 도두 얻을 수 있을 것이다.

■ 원 문 ■

十三日尙忠, 謂忠厚與氣節, 相爲表裏, 無自守之節, 而以摸稜爲忠厚不可也, 無根本之德, 而以矯激爲氣節不可也, 世俗淸薄, 實德日喪, 非詭隨阿人, 則必矯亢尙氣, 中行之士, 誠難得見矣,

---

1) 〈시경(詩經)〉 대아(大雅) 억(抑)의 구절.
2) 〈시경(詩經)〉 대아(大雅) 증민(烝民)의 구절.

詩曰溫溫恭人, 維德之基, 又曰柔亦不茹, 剛亦不吐, 必溫恭和
粹, 根本深厚, 然後, 乃能植立正義, 臨大節而不可奪矣, 彼卑諂
鄙夫固不足道矣, 名爲學問之士, 而挾才挾賢, 輕人侮物者, 其害
不可勝言, 得少爲足, 悻悻自好者, 豈能眞有氣節哉, 近日士子之
病如此, 良由禮學不明, 虛驕成習故也, 必須講明禮學, 以盡尊上
敬長之道, 苟如是, 則忠厚氣節, 兩得之矣.

읽기

十三日「尙忠」이니라. 謂忠厚與氣節은 相爲表裏니라. 無自守之節
하여는 而以摸稜爲忠厚不可也니라. 無根本之德하여는 而以矯激爲氣
節不可也니라. 世俗淆薄하여 實德日喪하니 非詭隨阿人이면 則必矯亢
尙氣하여 中行之士는 誠難得見矣이니라. 詩曰『溫溫恭人하니 維德之
基』라 하고 又曰『柔亦不茹하여 剛亦不吐』라 하니 必溫恭和粹하여 根
本深厚한 然後에 乃能植立正義하며 臨大節而不可奪矣니라. 彼卑諂
鄙는 夫固不足道矣니라. 名爲學問之士하여 而挾才挾賢하고 輕人侮
物者는 其害不可勝言이니라. 得少爲足하고 悻悻自好者는 豈能眞有
氣節哉리오? 近日士子之病如此하니 良由禮學不明하여 虛驕成習故
也니라. 必須講明禮學하여 以盡尊上敬長之道이니라. 苟如是면 則忠
厚氣節이 兩得之矣일지니라.

열네번째는 공경을 돈독히 함〔篤敬〕이다.

배우는 자가 덕에 나아가 업을 닦는 것은 오직 공경을 돈독히 하는 데 있으니, 공경에 돈독하지 않으면 다만 빈 말이 될 뿐이니, 모름지기 표리(表裏)가 한결같이 되어 조금도 그침이 없어야 한다. 말에는 가르침이 있고 움직임에는 법도가 있으며, 낮에는 하는 일이 있어야 하고 밤에는 그 일의 얻음이 있어야 하며, 눈 한 번 깜짝하는 동안에도 보존하는 것이 있고, 숨 한 번 쉬는 동안에도 양성하는 것이 있어야 한다. 공부하는 과정을 오랫동안 계속했는데도 효과가 나타나지 않더라도 오직 날마다 쉬지 않고 힘쓰다 죽은 뒤에야 그만두리라 여길 것이니[1] 이것이 곧 실학(實學)이다. 만일 이런 데 힘쓰지 아니하고 다만 박식(博識)만 따지고 이야기만으로 꾸며서 장을 빛내는 도구로 삼으려는 자는 선비의 적이 되나니, 어찌 두렵게 여길 일이 아니겠는가?

■ 원 문 ■

十四日篤敬, 謂學者, 進德修業, 惟在篤敬, 不篤於敬, 則只是空言, 須是表裏如一, 無少間斷, 言有敎動有法, 晝有爲宵有得, 瞬有存息有養, 用功雖久, 莫求見效, 惟日孜孜死而後已, 是乃實學, 若不務此而只以辨博說話, 爲文身之具者, 是儒之賊也, 豈不可懼哉.

---

1) 死而後已: 〈논어(論語)〉 태백편(泰伯篇)에 「曾子曰 : 死不可以不弘毅, 任重而道遠, 仁以爲己任, 亦不重乎, 死而後已, 不亦遠乎」라 하였다.

十四日「篤敬」이니라. 謂學者는 進德修業하되 惟在篤敬이니라. 不
篤於敬이면 則只是空言이니라. 須是表裏如一하고 無少間斷이니라. 言
有敎動有法하고 晝有爲宵有得하여 瞬有存息有養이니라. 用功雖久나
莫求見效하여 惟日孜孜死而後已할지니 是乃實學이니라. 若不務此而
只以辨博說話하여 爲文身之具者는 是儒之賊也이니 豈不可懼哉리오!

열다섯번째는 학교에 거처함〔居學〕이다.

배우는 자가 학교에 있을 때에는 모든 행동거지를 학령(學令)에 의거해야 한다.

책도 읽고 글도 지으며, 식후에는 잠깐 동안 목욕하여 정신을 편하게 하고 돌아와서는 맡은 바를 다시 익히고, 저녁밥 후에도 그렇게 해야 한다. 여럿이 함께 거처할 때에는 반드시 토론으로 서로 키우고, 예법에 맞는 몸가짐을 돌보아 가지런히 정돈하고 엄숙히 하여야 한다. 만일 스승과 선배가 학교에 있으면 읍(揖)을 하는 예를 행한 뒤에 질문하여 허심(虛心)으로 가르침을 따르고 주선(周旋)하여야 하며, 무익한 글을 물어서 마음과 힘을 헛되이 해서는 안 된다.

十五日居學, 謂學者, 居學宮時, 凡擧止一依學令, 或讀書或製
述, 食後暫爾游泳, 舒暢精神, 還習所業, 夕食後亦然, 羣居必講

論相長, 攝以威儀, 整齋嚴肅, 若先生 是師長 在學宮, 則行揖之後,
講問請益, 虛心受敎, 佩服周旋, 如無益之書, 不可請問, 枉用心
力.

十五日「居學」이니라. 謂學者는 居學宮時엔 凡擧止一依學令이니
라. 或讀書或製述과 食後暫爾游泳엔 舒暢精神하여 還習所業하고
夕食後亦然이니라. 羣居必講論相長하며 攝以威儀하고 整齋嚴肅이니
라. 若先生 是師長 在學宮이면 則行揖之後에 講問請益하되 虛心受敎하
여 佩服周旋이니라. 如無益之書는 不可請問이요 枉用心力이니라.

열여섯번째는 글 읽는 방법〔讀法〕이다.

매월의 초하루와 보름날에는 여러 유생들이 학당에 일제히 모여
사당(祠堂)에 배알하고 응하는 예를 행한다. 그 예를 마친 후 자리를
정하고(스승은 북쪽 벽쪽에 앉고 여러 생도는 삼면(三面)으로 앉는다) 장
의(掌議, 장의가 유고시에는 유사(有司), 혹은 선독자(善讀者)가 대리한
다)가 소리를 높여 백록동 교조(白鹿洞敎條)[1] 및 '학교 모범'을 한

---

1) 백록동 교조(白鹿洞敎條): 원래 백록동(白鹿洞)은 강서성(江西省) 성자현(星子縣)의
   여산(廬山) 오로봉(五老峯) 아래 있는 것이며 당(唐)나라 때 이발(李渤)이 은거하며 독
   서하던 곳으로, 흰 사슴을 벗삼아 기르며 얻은 이름이다. 남당(南唐) 때 이곳에 학교를
   지었었고 송(宋) 때 주희(朱熹)가 이곳에서 사직을 원하며 강학을 했었는데 그 때「白
   鹿洞書院學規」를 만들었다. 그 내용은 다음과 같다.

번씩 읽는다.

그리고 나서는 서로 토론하여 실질적인 공부로 면려(勉勵)하며(스
승이 있을 때에는 질문한다) 만약 의논할 일이 있을 때에는 곧 토론할
것을 정하여(여러 생도들이 의논할 일이 있을 때에는 스승이 먼저 꺼내
준다) 여러 생도들이 사고로 참석하지 못할 때에는 반드시 장서(狀
書)로써 모이는 장소에 알려서 여러 사람이 다 알도록 한다. 질병이
있거나 시골에 다니러 가는 일, 혹은 기일(忌日)을 당한 이외에, 사
고를 의탁해서 참석하지 않는 자가 두 번 그렇게 할 경우, 열흘 동안
모임에서 출좌(黜座)시키며, 그래도 오지 않을 때에는 사장(師長)에
게 고하여 벌칙을 논한다(출좌(黜座)라는 것은 속(俗)에 소위 손도(損
徒)[2]라고 하는 것인데, 돌아와 자리를 허락해서 앉을 때에 반드시 모든 좌
중(座中)이 그를 꾸짖는 것을 말한다).

十六日讀法, 謂每月朔望, 諸生齊會于學堂, 謁廟行揖禮畢後
坐定, 師長若在, 則坐于北, 壁, 諸生, 則坐于三面, 掌議 掌議有故, 則有司 或善讀書者代之 抗聲讀白鹿洞敎條,
及學校模範一遍, 因相與講論, 相勉以實功, 有師長, 則 因以質疑 如有議事,
則因講定, 諸生有議事, 則師長先出 諸生有故不能參, 則必具狀告于會處, 衆所
共知, 有病及的知下鄕及忌日外, 託故不參者, 至再度, 則黜座一

◎ 五敎之目: 父子有親, 君臣有義, 夫婦有別, 長幼有序, 朋友有信.
◎ 爲學之序: 博學之, 審問之, 愼思之, 明辨之, 篤行之.
◎ 修身之要: 言忠信, 行篤敬, 懲忿窒慾, 遷善改過.
◎ 處事之要: 正其誼不謀其利, 明其道不計其功
◎ 接物之要: 己所不欲勿施於人, 行有不得反求諸己
또한 복건성 하문시(福建省厦門市)에도 백록동(白鹿洞)이 있으며 주자의 사당이 있다.
2) 손도(損徒): 생도(生徒)를 손상시킴. 곧 덜어서 정학이나 근신시킴과 같은 뜻.

朔, 如是而猶不來, 則告于師長, 論罰 黜座卽俗所謂損徒還
許, 座時必滿座面責

읽기

十六日「讀法」이니라. 謂每月朔望에 諸生齊會于學堂하여는 謁廟
行揖禮畢後坐定이니라. 師長若在, 則坐于北, 壁, 諸生, 則坐于三面, 掌議 掌議有故, 則有司
或善讀書者代之 抗
聲讀白鹿洞敎條와 及學校模範一遍하여 因相與講論하고 相勉以實功
이니라. 有師長, 則因以質疑 如有議事면 則因講定이니라. 諸生有議事,
則師長先出 諸生有
故不能參이면 則必具狀告于會處하여 衆所共知니라. 有病及的知下鄉
及忌日外커나 託故不參者가 至再度면 則黜座一朔이니라. 如是而猶
不來면 則告于師長하여 論罰이니라. 黜座卽俗所謂損徒還
許, 座時必滿座面責

   이상의 열여섯 가지 조항은, 스승·제자·학우 사이에 서로 타일
러 힘쓰게 하고 경계하며 도와서 힘껏 복응(服膺)하여야 한다. 생도
들 가운데 마음을 잘 닦아 모범을 준수하고 학문이 성취되어 뛰어나
다고 일컬을 만한 자가 있으면, 회의 때에 여러 사람에게 물어 찬성
을 얻어 착한 자의 명부에 기입하고, 그 중에 더욱 뛰어난 자가 있으
면 그 실제의 서장(書狀)을 갖추어 그 서류를 스승에게 올려서 권장
의 뜻을 표시한다. 만일 여러 생도들 중에 학교 규칙을 준수하지 아
니하여, 향학(向學)이 독실하지 못하거나, 허황하게 날짜만 보내거
나, 몸가짐이 근신하지 못하거나, 마음을 방종히 굴어 수습하지 못
하거나, 행동거지가 장엄·정중하지 않거나, 언어가 진실하지 않거

나, 형제에게 우애하지 않거나, 가풍이 난잡하여 질서가 없거나, 스승을 존경하지 않거나, 어른과 덕이 있는 자를 업신여기거나, 예법을 경멸하거나, 본처에게 소홀히 하여 창기를 가까이하거나, 망령되이 알현(謁見)하기를 좋아하거나 염치를 돌아보지 않거나, 망령되게 사람답지 못한 자와 사귀기를 좋아하거나 아래 또래에게 몸을 굽히고, 술마시기를 좋아하여 방탕하게 굴고, 술에 빠지는 것을 낙으로 삼거나, 쟁송(爭訟)하기 좋아하여 하지 말아야 할 것을 하거나, 재물의 이익을 계획하여 남의 원망을 구휼(救恤)하지 않거나, 현재(賢才)를 시기 질투(猜忌嫉妬)하며, 선량한 이를 속여 헐뜯고 훼멸하거나 종족(宗族)에게 화목하지 못하고 이웃과 불화하며, 제사에 엄숙하지 못하고 신명(神明)에 태만하고 홀략(忽略)히 하거나(한 집안의 제사뿐 아니라 만약 학당의 제사에 사고를 핑계하고 참석하지 않음은 이가 곧 신명(神明)에게 태홀(怠忽)함이다), 예의 풍속을 이루지 못하고 환란을 서로 구제하지 않으며,[1] 지방에 있어서는 조세와 부역에 성실하지 않고, 고을 원을 기롱(譏弄)하고 흉보거나 하는 자가 있으면, 이러한 과실은 벗들이 보고 듣는 대로 깨우쳐 주되, 고치지 않을 때에는 장의(掌議)에게 고하여서 유사(有司)가 그들을 모임에서 드러나게 꾸짖으며, 그래도 고치지 않고 억지 변명으로 복종하지 않을 때에는, 적은 허물이면 출좌(黜座)시키고, 큰 허물이면 스승에게 알려서 출재(黜齋)시키고(출재란, 학당에 와서 배우지 못하게 하는 것이니 허물을 고친 뒤에야 돌아오게 한다) 악적(惡籍)에 기입한다(학당에서 내쫓긴 자에 한해서 악적에 기입한다). 학당에서 쫓겨난 뒤에 마음을 바

---

1) 환난불구(患難不救): 이는 향약의 4조항 중의 하나를 실천하지 못하는 것이다. 참고로 향약 4조는 덕업상권(德業相勸), 과실상규(過失相規), 예속상교(禮俗相交), 환난구휼(患難救恤)이다.

꾸고 허물을 고쳐서 뚜렷히 선(善)에 지향하려는 흔적이 있을 때에는 다시 학당에 들어오기를 허가하고 악적에서 이름을 지운다(다시 학당에 들어올 때에는 모든 사람이 대면하여 꾸짖는다). 만약 끝까지 허물을 뉘우치지 아니하고, 악을 키우기를 더욱 심히 하여 자기를 책하는 이를 도리어 원망하는 자가 있을 때에는 사장(師長)에게 고하여 그 명적(名籍)을 삭제하고 중앙과 지방의 학당에 통고한다(만약에 제적된 자가 스스로 원망하고 꾸짖어 현저하게 선(善)에 지향하는 흔적이 보이기 3년을 지난 후에 그것이 더욱 독실할 때에는 다시 입학을 허가한다). 무릇 허물의 명부는 반드시 법을 세운 뒤로부터 기록하고, 법을 세우기 전의 허물은 추론(追論)하지 아니한다. 스스로 새로운 길을 열어 줄 것이며, 그래도 여전히 고치지 아니할 때에는 이에 벌을 논하여 처리한다.

원문

右十六條, 師弟子朋友, 相與勤勉, 戒勗拳拳服膺, 諸生如有存心飭躬, 一遵模範, 學問將就, 表表可稱者, 則會議時, 詢于衆, 得僉可, 則書于善籍, 其中尤卓異者, 具其實狀, 呈單子于師長, 以示勸獎, 如或諸生不遵學規, 向學不篤, 荒嬉度日, 持身不謹, 放心不收, 行止不莊, 言語不實, 事親不盡其誠, 兄弟不能友愛, 家法雜亂無章, 不敬師長, 侮慢齒德, 輕蔑禮法, 疎薄正妻, 昵愛淫倡, 妄喜干謁, 不顧廉恥, 妄交非人, 屈身下流, 嗜酒放蕩, 沈酗爲樂, 好尚爭訟, 可已不已, 經營財利, 不恤人怨, 忌賢嫉才, 誣毁良善, 宗族不睦, 鄰里不和, 祀事不嚴, 怠忽神明[不特一家祭祀, 如學官之祭, 託故不參, 是怠忽神明] 禮俗不成, 患難不救, 如外方則不謹租賦, 譏詆邑主, 如此過失, 朋友隨所聞見, 各相規警, 不悛, 則告掌議有司, 於衆會顯責之, 若猶不悛, 强辨不服, 則輕則黜座, 重則告于師長, 黜齋, ^{黜齋者, 不得來學, 改過後還來,} 書于惡籍, ^{只黜齋者書于惡籍} 黜齋之後, 革心改過, 顯有向善之迹, 則還許入齋, 而爻其籍, ^{還入齋時, 滿座面責} 若終不悔過, 長惡益甚, 反怨責己者, 則告于師長, 削其名籍, 因通交于中外學堂, ^{削籍}之人, 若自怨自艾, 顯有向善之迹, 過三年, 而益篤, 則還許入學 凡過失之籍, 必自立法後始錄, 若法前之惡, 皆勿追論, 許具自新, 仍舊不改, 然後, 乃論罰.

읽기

右十六條는 師弟子朋友가 相與勸勉하여 戒勗拳拳服膺이니라. 諸生如有存心飭躬하여 一遵模範하며 學問將就하여 表表可稱者면 則會議時에 詢于衆하여 得僉可면 則書于善籍이니라. 其中尤卓異者는 具其實狀하고 呈單子于師長하여 以示勸奬이니라. 如或諸生不遵學規커나 向學不篤커나 荒嬉度日커나 持身不謹커나 放心不收커나 行止不莊커나 言語不實커나 事親不盡其誠커나 兄弟不能友愛커나 家法雜亂無章커나 不敬師長커나 侮慢齒德커나 輕蔑禮法커나 疎薄正妻커나 昵愛淫倡커나 妄喜干謁커나 不顧廉恥커나 妄交非人커나 屈身下流커나 嗜酒放蕩커나 沈酗爲樂커나 好尙爭訟커나 可已不已커나 經營財利커나 不恤人怨커나 忌賢嫉才커나 誣毁良善커나 宗族不睦커나 鄰里不和커나 祀事不嚴커나 怠忽神明커나 ^{不特一家祭祀, 如學官之祭, 託故不參, 是怠忽神明} 禮俗不成커나 患難不救면 如外方은 則不謹租賦하여 譏詆邑主이니라. 如此過失은

朋友隨所聞見하여 各相規警이니라 不悛이면 則告掌議有司하여 於衆
會顯責之니라. 若猶不悛하고 強辨不服이면 則輕則黜座니라. 重則告
于師長하여 黜齋하며 黜齋者, 不得來學, 改過後還來 書于惡籍이니라. 只黜齋者 書于惡籍 黜齋
之後에 革心改過하고 顯有向善之迹이면 則還許入齋하여 而炙其籍이
니라. 還入齋時, 滿座面責 若終不悔過하여 長惡益甚하며 反怨責己者는 則告于
師長하여 削其名籍이니라. 因通交于中外學堂하니라. 削籍之人, 若自怨自 艾, 顯有向善之迹,
過三年, 而益 篤, 則還許入學 凡過失之籍은 必自立法後始錄이니라. 若法前之惡은 皆
勿追論하여 許具自新이니라. 仍舊不改한 然後엔 乃論罰이니라.

　　교화(教化)를 갖춤에는 스승을 택함이 제일 급선무이다. 근래에는
훈도(訓導)의 임무에 그 인물을 택하지 않고 다만 청탁에만 좇아서
고비(皐比)의 자리[1]가 도리어 한생(寒生)[2]의 밥벌이의 구제가 되기
때문에 스승의 이름이 사람들에게 천하게 여겨져서 서로 비웃게 되
니, 스승이 알맞은 사람이 아닐 때면 선비의 기풍은 날로 쇠퇴하여
지는 것이니 사리와 형세의 필연이라 탓할 길도 없다. 지금 비록 옛
법규를 바꾸어 스승을 택하려 해도 사람들이 믿지 아니하여 부임(赴
任)을 좋아하지 않을 것이니, 좋은 법규와 아름다운 뜻은 결국 실속

---

1) 고비(皐比): 皋比라고도 쓰며 원래는 호피(虎皮). 〈좌전(左傳)〉 장공(莊公) 10년에 「蒙
　皐比而先犯之」란 대목이 있다. 그러나 송(宋)나라 때 장재(張載)가 늘 〈주역(周易)〉을
　강(講)할 때에 호피(虎皮)를 깔고 앉아 했던 까닭으로 흔히 강학의 자리, 즉 스승의 좌
　석을 말한다(〈송사(宋史)〉, 도학전(道學傳)을 참고할 것).
2) 한생(寒生): 가난한 유생(儒生).

이 없게 되고 말 것이요, 학교에 적(籍)을 둔 선비들은 모두 학문에 뜻이 없고 부역을 피하기만을 꾀하게 될 것이니, 스승을 비록 모셨다 할지라도 배울 만한 사람이 없게 될 것이다. 만약 과거의 그릇된 자취를 일변시켜 남의 주의(注意)를 새롭게 하지 않는다면 인재를 양성할 기대가 없을 것이다. 그러므로 스승을 택함과 선비를 양성하는 규정을 다음과 같이 삼가 적는다(이하는 관계 조목이다).

教化之具, 莫先於擇師, 而近來訓導之任, 不擇其人, 徒循請囑, 皋比之座, 反爲寒生餬口之資, 故訓導之名, 爲人所賤, 至相訾警, 師旣非人, 則士風日衰, 理勢必然, 無足怪者, 今雖欲變舊規, 別擇師長, 而人多不信, 不樂赴任, 良法美意, 終歸文具, 而且學校付籍之士, 亦皆無意於學問, 以避役爲計, 雖得其師, 無可學之人, 若不一變前轍, 以新耳目, 則作成無期, 故擇師養士之規, 謹錄如左. 以下係事目

教化之具(교화지구)엔 莫先於擇師(막선어택사)니라. 而近來訓導之任(이근래훈도지임)은 不擇其人(불택기인)하여 徒(도)

循請囑(순청촉)하니 皋比之座(고비지좌)는 反爲寒生餬口之資(반위한생호구지자)니라. 故訓導之名(고훈도지명)은 爲人(위인)

所賤(소천)이니라. 至相訾警(지상자오)하여 師旣非人(사기비인)이면 則士風日衰(즉사풍일쇠)하여 理勢必然(리세필연)이

니 無足怪者(무족괴자)니라. 今雖欲變舊規(금수욕변구규)하여 別擇師長(별택사장)이나 而人多不信(이인다불신)이니라.

不樂赴任(불락부임)하니 良法美意(량법미의)가 終歸文具(종귀문구)니라. 而且學校付籍之士(이차학교부적지사)도 亦皆(역개)

無意於學問하여 以避役爲計니라. 雖得其師라도 無可學之人이니라.
若不一變前轍하여 以新耳目이면 則作成無期니라. 故로 擇師養士之
規를 謹錄如左니라. 以下係 事目

(一) 무릇 학문과 덕행이 있음으로 남에 추앙을 받아 사표(師表)의 임무를 감당할 만한 자는, 해마다 서울에서는 한성부(漢城府)의 5부(部)와 지방에서는 감사(監司)와 수령(守令)들이 잘 보고 그 소문을 듣고 그 실상을 살펴서 이름을 적어 아뢰면 이조(吏曹)에 회부(回附)하고 관당상(館堂上)은 관학(館學) 여러 유생들을 회합하여 공천하게 하여, 합당한 자의 이름을 적어 이조에 보고한다(매년 연말에 서울과 지방에서는 예(例)대로 이름을 기록하여 아뢴다). 이조는 다시 자세히 검토를 더하여 빈 자리를 골라서 사는 곳에서 가까운 고을에 책임을 맡기고, 그 성과를 보아서 그 중 공적이 뛰어나거나 선비의 기풍을 변화시킨 자는 승진시켜 실제의 직책을 주고, 그 다음으로 직책에 충실하여 성과가 있는 자는 곧 벼슬길로 통할 수 있게 하며, 또 그 다음인 자는 임기가 차면 다른 고을로 이동시켜 더욱 성과가 드러난 뒤에 벼슬길로 통하게 한다

원 문

一, 凡有學行, 爲人所推重, 可堪師表之任者, 每年京則漢城府
五部, 外則監司, 守令, 悉心聞見, 得其實狀, 鈔名啓, 下吏曹館堂

上, 亦會館學諸生, 使之公薦, 可合者, 鈔名報吏曹, ^{每年歲末, 京外}
吏曹更加詳察, 隨闕塡差, 例受所居近邑, 觀其成效, 其中功績卓
異, 丕變士風者, 陞品授實職, 其次稱職有效者, 卽通仕路, 又其
次則仕滿更遷他邑, 成效益著, 然後乃入仕路.

읽기

一, 凡有學行은 爲人所推重이니라. 可堪師表之任者는 每年京則漢
城府五部와 外則監司·守令이 悉心聞見이니라. 得其實狀하여 鈔名
啓니라. 下吏曹館堂上도 亦會館學諸生하여 使之公薦하여 可合者는
鈔名報吏曹니라. ^{每年歲末, 京外例爲鈔名以啓} 吏曹更加詳察하여 隨闕塡差하되 例
受所居近邑하여 觀其成效니라. 其中功績卓異와 丕變士風者는 陞品
授實職이니라. 其次稱職有效者는 卽通仕路니라. 又其次則仕滿更遷
他邑하여 成效益著한 然後에 乃入仕路니라.

(一) 조정 관리 출신은 파직이나 출신 여부를 물론하고 그 중에
사표가 될 만한 자를 택하여 교관(校官)의 직책을 수여하고, 육품(六
品) 이상은 교수직을 수여하며, 7품 이하는 훈도(訓導)의 직을 수여
하여, 성과가 있는 자는 임기의 만료를 기다려 복직시킨다.

一, 前銜朝官, 勿論罷職及出身與否, 擇其中可作師表者, 授以
校官, 六品以上, 則援敎授, 七品以下, 則授訓導有成效者, 待仕
滿復職.

一, 前銜朝官은 勿論罷職及出身與否로 擇其中可作師表者하여 授
以校官이니라. 六品以上은 則援敎授하고 七品以下는 則授訓導하며
有成效者는 待仕滿復職이니라.

(一) 중앙과 지방에서 뽑혀 사표가 될 만한 자가 만일에 생원·진
사이거나 또는 이름난 사람일 경우. 재주와 자격의 유무를 불구하고
곧 교관의 직을 수여할 것이요, 그렇지 못한 이는 반드시 그 재주와
자격을 시험하여 요행의 폐단을 없애야 한다.

一, 京外所鈔師表可當之人, 若生員進士及名字表著者, 則不
拘才格有無, 卽援校官, 不然, 則必須考其才格, 使無僥倖之弊.

^일 一, ^경京^외外^소所^초鈔^사師^표表^가可^당當^지之^인人에 ^약若^생生^원員^진進^사士^급及^명名^자字^표表^저著^자者는 ^즉則^불不^구拘 ^재才^격格^유有^무無하여 ^즉卽^수援^교校^관官이니라. ^불不^연然이면 ^즉則^필必^수須^고考^기其^재才^격格하여 ^사使^무無^요僥 ^행倖^지之^폐弊니라.

(一) 서울과 지방에서 학문과 덕행으로 추천되어 벼슬하게 된 자 및 생원(生員)·진사(進士)로서 벼슬할 만한 자는 먼저 교관으로 시용(試用)하되 그 능력의 가부를 보아서 비록 임기가 만료되지 않았다 하더라도 간간이 등용하며, 교관과 조정 관리 전체에서, 선비들로 하여금 훈도가 영전이란 것을 알게 하여 지난날의 천한 이름을 씻어 버리게 한다.

一, 京外以學行可用被薦將入仕者, 及生進可堪入仕者, 先試之校官, 觀其能否, 雖不待仕滿, 間間登仕, 使校官朝士, 混爲一途, 使士類知訓導爲榮選, 以洗前日卑賤之名.

^일 一, ^경京^외外^이以^학學^행行^가可^용用^피被^천薦^장將^입入^사仕^자者와 ^급及^생生^진進^가可^감堪^입入^사仕^자者는 ^선先^시試^지之 ^교校^관官이니라. ^관觀^기其^능能^부否하여 ^수雖^부不^대待^사仕^만滿이라도 ^간間^간間^등登^사仕하여 ^사使^교校^관官^조朝^사士 하여 ^혼混^위爲^일一^도途니라. ^사使^사士^류類^지知^훈訓^도導^위爲^영榮^선選은 ^이以^세洗^전前^일日^비卑^천賤^지之^명名이니라.

(一) 학교의 스승으로 이미 그 사람을 정선(精選)했으면 모름지기 예(禮)로써 대우하여, 자중하는 선비로 하여금 그 직에 편히 있게 하도록 할 것이다. 감사와 수령이 늘 예로써 우대하고, 아직 부임하지 않는 자에 대하여는 취임하도록 돈독히 권하고 명령을 맞이할 때에는 대전(大典)[1]에 의거하여 대문 밖에서 기다려 말머리[馬頭]에 서지 말 것이며, 배운 유생은 학문 능력의 가부와 몸가짐의 경건과 방사(放肆)[2]를 시험하여 포폄(褒貶)[3]할 것이요, 훈도는 강의하지 않고 다만 가르쳐 깨우치는 기술만을 더불어 상의 토론한다.

그리고 급료를 정하여 목사(牧使)가 있는 고을 이상은 월급으로 쌀과 콩 각 두 섬, 조세 넉 섬, 도호부에는 월급으로 쌀 두 섬, 콩 한 섬, 조세 석 섬, 군에는 월급으로 쌀 한 섬 닷 말, 콩 한 섬, 조세 두 섬, 현(縣)은 월급으로 쌀·콩·조세 각각 한 섬(모두 찧은 곡식으로 계산하여 지급한다), 군 이상이면서 더욱 심히 잔폐(殘弊)한 읍에 있어서는 감사가 적당하게 감하여 지급한다.

■ 원 문 ■

一, 學校之師, 旣已精擇其人, 則亦須待之以禮, 使自重之士, 得安其職, 監司守令, 常加優禮, 如未赴任者, 敦勸令就, 迎命時, 只依大典, 候于大門之外, 勿立于馬頭, 只考所敎儒生之學問能

---

1) 대전(大典): 〈경국대전(經國大典)〉을 말함. 육조(六曹)와 국정 전분야에 걸쳐 교지·조례 등을 모은 법전으로 세조 때 시작하여 예종 때 완성, 다시 성종 때 개정, 교정을 거쳐 이룩됨.
2) 방사(放肆): 마구 행동함.
3) 포폄(褒貶): 포상과 폄훼.

否, 持身放肆, 以爲褒貶, 而訓導, 則勿試講, 但與商論敎誨之術,
且定其廩料, 牧以上, 則月給米太各二石, 租四石, 都護府, 則月
給米二石, 太一石, 租三石, 郡則月給米一石五斗, 太一石, 租二
石, 縣則月給米太租各一石, 皆以耗穀計給 郡以上尤甚殘邑, 則監司量
宜減給.

一, 學校之師를 旣已精擇其人이면 則亦須待之以禮하여 使自重之
士하여 得安其職이니라. 監司守令, 常加優禮니라. 如未赴任者는 敦
勸令就니라. 迎命時엔 只依大典하여 候于大門之外하되 勿立于馬頭니
라. 只考所敎儒生之學問能否하고 持身放肆하여 以爲褒貶하되 而訓
導는 則勿試講이니라. 但與商論敎誨之術하여 且定其廩料하고 牧以上
은 則月給米太各二石과 租四石하고 都護府는 則月給米二石과 太一
石과 租三石하며 郡則月給米一石五斗와 太一石과 租二石하며 縣則
月給米太租各一石하며 皆以耗穀計給 郡以上尤甚殘邑은 則監司量宜減給
이니라.

(一) 생원·진사 이외에 서울에서 학문에 뜻을 둔 선비는 모두 하
재(下齋) 또는 사학(四學)에 들어가게 하고 지방에서는 문벌이 높은
집안이나 낮은 집안을 막론하고 유학(儒學)하는 자는 향교로 들어가
게 한다. 처음 입학할 때에는 생도 열 사람이 그의 학문에 뜻있음을

추천한 뒤에 시험하여 입학을 허가하고, 학교 모범(學校模範)으로써 행동을 닦되, 만약 구속을 꺼리어 학교에 명부를 두지 않는 자가 있을 경우, 과거를 보지 못하게 한다.

一, 除生進外, 京中志學之士, 皆入下齋及四學, 外方則勿論士族寒門, 凡學儒者, 皆入鄉校, 初入時, 諸生十人, 薦其志學, 然後試講, 許入, 以學校模範, 使之飭行, 若厭憚拘束, 不籍名于學校者, 不得赴科擧.

一, 除生進外에 京中志學之士는 皆入下齋及四學하고 外方則勿論 士族寒門이니라. 凡學儒者는 皆入鄉校하니라. 初入時에 諸生十人을 薦其志學한 然後에 試講하여 許入이니라. 以學校模範으로 使之飭行하니라. 若厭憚拘束하여 不籍名于學校者는 不得赴科擧니라.

(一) 서울과 지방에서 이미 학교에 들어와 있는 자에 대하여, 형편이 일시에 도태〔汰去〕[1]시키기 어려운 때에는 다만 학교 모범으로 몸을 다스려 학규(學規)에 따르지 않는 자는 제적시켜도 좋을 것이다. 사학(四學)에는 백 명을 정원으로 삼아 시험을 보여(이미 입학한

---

1) 태거(汰去): 도태시킴. 물러나게 함.

자를 다시 고시하여 뽑는다) 그 수를 보충하고 다섯 번수(番數)로 나누어 한 번에 20명씩 학교에 거처하게 하고, 10일을 기한으로 윤번제로 한다.

정원 안의 유생들에게는 하루에 두 끼니를 공급하고 정원에 들지 못한 자는 또 다섯 번수로 나누어 학교에 오게 하되, 식량은 각자가 갖추게 하고 공공 양식은 주지 않는다. 지방의 큰 읍에서도 역시 시험을 보여 그 정원을 충족시키되, 목(牧) 이상의 고을에서는 정원을 90명으로, 도호부(都護府) 이상은 70명으로, 군(郡)은 50명으로 현(縣)은 30명으로 하고, 만일 글에 능한 자가 부족할 때에는 정원수가 차지 않더라도 글에 능한 자만을 정원으로 삼는다. 정원 안에는 공공 양식을 먹이고 역시 다섯 번수로 나누되 만약 정원 내에 들지 못한 자가 있으면 나눠 번(番)들기는 같이 하되, 공공 식량은 감사와 읍재(邑宰)가 반드시 경영하고 계획을 세워 이식〔子母〕[2]의 바탕을 만들어 모자라거나 끊어짐이 없게 한다. 정원 내의 선비가 결원이 있을 때에는 정원 외의 사람으로 시험 보여 보충한다. 번수에 임해서도 학교에 나오지 않는 자는 처음엔 면책(面責)[3]하고, 두번째는 손도(損徒)하고, 세번째에는 출재(黜齋)시킨다. 출재라는 것은 스승에게 고하여 학교에 나오지 못하게 하는 것인데, 허물을 고쳐서 스스로 새롭게 된 후에는 다시 학교에 오도록 허가하되 무릇 손도와 출재를 당했던 자가 다시 참석할 때에는 반드시 모든 학생이 면대하여 꾸짖는다. 이렇게 하되 네 번 만에는 학적을 삭제한다(학적에서 삭제된 자는 병역〔軍役〕에 결정되어 허물을 고쳐서 스스로 새롭게 하고 반드시 초시(初試)에 합격한 뒤에라야 다시 입학시킨다). 만약에 질병과

---

2) 자모(子母): 利息. 비축된 식량을 이식시켜 준비함.
3) 면책(面責): 대면하여 직접 질책함.

사고가 있어서 학교에 나오지 못하는 자는 이유를 갖추어 서류를 스
승에게 제출해야 벌을 면할 수 있게 하고, 사고를 핑계하는 자는 들
어 주지 않는다.

一, 京外已赴學校之士, 勢難一時汰去, 只令以學校模範律身,
不遵學規者, 乃可汰去, 四學則以一百人爲定額, 試講,^{以曾入學者,} 更試而取
取足其數, 分作五番, 每番二十人居學, 以十日爲限, 輪回, 額内
儒生, 供兩時, 若不參額者, 亦分五番來學而自備糧, 不得食公糧,
外方列邑, 亦試講取足額數, 牧以上則九十, 都護府以上則七十,
郡則五十, 縣則三十, 若能文者不足, 則雖不滿額數, 只以能文
者, 隨其多少, 稱額内, 饋以公糧, 亦分五番, 若未參額内者, 分番
則同, 而不得食公糧, 外方公糧, 監司邑宰, 必須經畫, 爲子母之
資, 使不乏絶, 額内之儒, 有闕, 則試講取額外之人塡闕, 臨番而
不就學者, 一度則面責, 二度則損徒, 三度則黜齋, 黜齋者, 告于師, 不得就學, 改過
自新後許復入, 凡損徒及黜 齋者, 復參座時, 必滿座面責 四度則削學籍, 削學籍者, 定軍役, 必改過自新, 而必得參初試, 然後, 乃得復入
若有疾病事故, 不得就學者, 具由呈單子于師長, 免罰託故者, 勿
聽.

一, 京外已赴學校之士는 勢難一時汰去이니 只令以學校模範律身
이니라. 不遵學規者는 乃可汰去이니라. 四學은 則以一百人爲定額이니
라. 試講하여 以曾入學者, 更試而取 取足其數하고 分作五番하여 每番二十人居

學이니라. 以十日爲限하여 輪回하니라. 額內儒生은 供兩時니라. 若不參額者는 亦分五番하여 來學하되 而自備糧하여 不得食公糧이니라. 外方列邑은 亦試講取足額數니라. 牧以上則九十이요 都護府以上則七十이요 郡則五十이요 縣則三十이니라. 若能文者不足이면 則雖不滿額數니라. 只以能文者는 隨其多少하여 稱額內하여 饋以公糧하되 亦分五番이니라. 若未參額內者는 分番則同이로되 而不得食公糧이니라. 外方公糧은 監司邑宰가 必須經畫하여 爲子母之資하여 使不乏絶이니라. 額內之儒에 有闕이면 則試講取額外之人塡闕이니라. 臨番而不就學者는 一度則面責하고 二度則損徒하며 三度則黜齋하고〔黜齋者, 告于師, 不得就學, 改過自新後許復入, 凡損徒及黜齋者, 復參座時, 必滿座面責〕 四度則削學籍이니라.〔削學籍者, 定軍役, 必改過自新, 而必得參初試, 然後, 乃得復入〕 若有疾病事故로 不得就學者는 具由呈單子于師長하되 免罰託故者는 勿聽이니라.

(一) 학교·생도들은 모름지기 예로써 대우할 것이요, 읍재들이 관청의 일로 심부름을 시키지 말며, 학문에 전념하도록 해야 한다. 교관의 말〔馬〕 수종(隨從) 같은 것도 생도들에게 책임지울 것이 아니며, 모든 관(官)에게 나오는 일 중에서 감사의 초도 순찰과 봉명사(奉命使)를 영접할 때 이외에는 무릇 사신이 오더라도 알성(謁聖)할 때면 교문 밖에서 맞이하고 알성이 아니라면 맞이하지 않는다. 비록 감사일지라도 만약 두 번째 순찰이라면 관문(官門)에서 맞이하

지 아니한다.

一, 校生, 亦須待之以禮, 邑宰不得以官事有所差任, 只令專心學問, 至如校官從馬, 不可責辦. 皆自官中辦出, 除監司初巡 迎命時外, 凡使臣到來時謁聖, 則祗迎于校門之外, 不謁聖則不迎, 雖監司若再巡, 則不迎于官門.

一, 校生은 亦須待之以禮니라. 邑宰不得以官事有所差任이라도 只令專心學問이니라. 至如校官從馬하고 不可責辦이니라. 皆自官中辦出이니라. 除監司初巡, 迎命時外엔 凡使臣到來時謁聖이면 則祗迎于校門之外하고 不謁聖이면 則不迎이니라. 雖監司若再巡이라도 則不迎于官門이니라.

(一) 매양 한 해를 기간으로 팔도(八道)의 큰 읍에 사신을 위촉해 보내어 생도들의 학업을 시험하고 몸가짐의 상황을 고찰하여, 그것으로써 교관의 자격 여부를 등급으로 매긴 뒤에 아뢰게 하고, 감사는 매번 순회할 때에 고시를 치러서 그 출척(黜陟)을 밝히고, 수령이 이상의 조항을 준행하지 못하면 경중에 따라 벌을 논한다.

一, 每間一年委送使臣于八道列邑, 試諸生學業, 且考持身之狀, 第其校官之能否, 以啓, 監司則每巡考試, 以明其黜陟, 守令不能遵行事目者, 亦隨輕重論罰.

一, 每間一年委送使臣于八道列邑하여 試諸生學業이니라. 且考持身之狀하여 第其校官之能否하여 以啓하니라. 監司則每巡考試하여 以明其黜陟이니라. 守令不能遵行事目者도 亦隨輕重論罰이니라.

(一) 매양 크고 작은 과거를 보일 때에는, 태학(太學)에서는 과거 기일 전에 관당상(館堂上)은 관관(館官)과 당장(堂長)·장의(掌議)·유사(有司)를 명륜당에 모아 상하재(上下齋)의 명부와 선악의 기록부를 모조리 갖춰 놓고 평일의 듣고 보았던 바를 참작하여 행동에 오점이 없는 자를 선택하여 비로소 과거를 보게 한다. 사학(四學)에서는 학관들이 본학에 모여서 당장(堂長)과 유사(有司)와 상의하여 가려뽑기를 위와 같이 하며, 지방에서는 읍재(邑宰)가 교관(校官) 및 향교의 당장(堂長)·장의(掌議)·유사(有司)와 더불어 위의 예와 같이 의논하여 가려 뽑는다. 시골에 있는 생원·진사로서 행동에 흠이 있어 과거에 나아가기에 적합하지 못한 자는 읍재가 한 고을의 공론(公論)을 채택하여 감사에게 보고하여 성균관에까지 그 문서를 보낸다. 만약 학문에 뜻을 둔 선비로서 이름이 군대에 편입된 자가

있으면서 과거에 나아가기를 원할 때에는, 서울에서는 성균관 관원
이, 지방에서는 수령이 그 진실과 허위를 심찰(審察)하고 실상(實
狀)을 확인한 뒤에 과거를 볼 수 있도록 허가한다.

一, 每大小科擧時, 太學則先期館堂上, 會館官及堂長, 掌議,
有司于明倫堂, 盡取上下齋名錄及善惡籍, 參以平日所聞見, 必
擇行無玷汙者, 始許赴擧, 四學則學官各會于本學, 與堂長, 有司
商議鈔擇如右例, 外方, 則邑宰, 與校官, 及鄕校堂長, 掌議, 有
司, 商議鈔擇如右例, 鄕居生進, 行有瑕疵, 不合赴擧者, 則邑宰
採一鄕公論, 報監司, 移文于成均館, 若有志學之士, 名編軍伍,
願赴科擧者, 京則成均館官員, 外則守令, 審察眞僞, 得其實狀,
則亦許赴擧.

一, 每大小科擧時에 太學은 則先期館堂上하여 會館官及堂長 · 掌
議 · 有司于明倫堂하여 盡取上下齋名錄及善惡籍이니라. 參以平日所
聞見하되 必擇行無玷汙者하여 始許赴擧니라. 四學은 則學官各會于
本學하여 與堂長 · 有司商議鈔擇如右例니라. 外方은 則邑宰와 與校
官, 及鄕校堂長 · 掌議 · 有司가 商議鈔擇如右例니라. 鄕居生進은
行有瑕疵하여 不合赴擧者면 則邑宰採一鄕公論하여 報監司하고 移文
于成均館이니라. 若有志學之士는 名編軍伍하고 願赴科擧者는 京則

成均館官員하고 外則守令이 審察眞僞하여 得其實狀이면 則亦許赴擧

니라.

시(詩)·문(文)

1. 욕기사(浴沂辭) [1]

봄바람이 슬슬[2] 불어오도다.

봄햇볕이 늦고 늦음이여!

내 옷이 이미 이루어졌도다.

내 벗들과 함께 놀리라.

저 기수(沂水)를 바라봄이여 !

맑은 물에 목욕하리라.

내 옷을 흔들고 내 관을 털도다.[3]

무우(舞雩)에 바람이 한 번 불어옴이여!

1) 욕기사(浴沂辭): 〈논어(論語)〉 선진편(先進篇)의 증점(曾點, 晳)의 말을 읊은 것으로 사(辭)는 문체의 일종. 〈논어(論語)〉 선진편(先進篇)에 「…莫春者, 春服旣成, 冠者五六人, 童子六七人, 浴乎沂, 風乎舞雩, 詠而歸. 夫子喟然嘆曰 : 吾與點也」라 하여 공자가 크게 칭찬한 내용을 말한다.

2) 습습(習習): 바람이 부는 모습. 「슬슬」로 해석. 〈시경(詩經)〉 패풍 곡풍(邶風谷風)에 「習習谷風」이라 했다.

3) 진여의(振余衣): 굴원(屈原)의 「어부사(魚父辭)」에 「屈原曰 : 吾聞之, 新沐者 必彈冠, 新浴者, 必振衣」란 구절이 있다. 〈맹자(孟子)〉에도 같은 구절이 있다.

만물이 화육(化育)함을 봄이여, 노래 부르며 돌아오도다.

하나의 근본을 통달함이여, 만 가지 다름을 다 알겠네.

하늘을 쳐다보고 땅을 굽어보고

물고기 뛰어오르고 소리개가 날도다.[4]

요순(堯舜)[5]이 이미 사라졌으니 나는 뉘와 더불어 돌아갈꼬?

저 행단(杏壇)[6]을 즐김이여, 내 스승으로 삼을진저.

원문

春風兮, 習習. 春日兮, 遲遲.

我服旣成兮, 我友同遊.

瞻彼沂水兮, 浴乎淸漪.

振余衣兮, 彈余冠.

風一振兮, 於舞雩.

觀物化兮, 詠而歸.

達一本兮, 通萬殊.

仰天兮, 俯地. 魚躍兮, 鳶飛.

勳華已逝兮, 吾誰與歸.

樂彼杏壇兮, 爰得我師.

---

4) 어약(魚躍): 〈시경(詩經)〉 대아(大雅), 한록편(旱麓篇)에 「鳶飛戾天, 魚躍于淵」이란 구
절이 있다.

5) 훈화(勳華): 요(堯)와 순(舜). 요(堯)임금의 이름이 방훈(放勳, 放勛이라고도 씀)이고
순(舜)임금의 이름이 중화(重華)임. 즉 태평 성대를 가리킨다.

6) 행단(杏壇): 공자가 강학하던 곳. 지금의 산동성(山東省) 곡부현(曲阜縣) 공자묘(孔子
廟) 대성전(大成殿) 앞에 있다. 〈장자(莊子)〉 어부편(漁父篇)에 「孔子游於緇帷之林, 休
坐乎杏壇之上」이라 하였다.

춘 풍 혜 습 습 춘 일 혜 지 지
春風兮여! 習習이로다. 春日兮여! 遲遲로다.

아 복 기 성 혜 아 우 동 유
我服旣成兮여! 我友同遊로다.

첨 피 기 수 혜 욕 호 청 의
瞻彼沂水兮여! 浴乎淸漪로다.

진 여 의 혜 탄 여 관
振余衣兮여! 彈余冠이로다.

풍 일 진 혜 어 무 우
風一振兮여! 於舞雩로다.

관 물 화 혜 영 이 귀
觀物化兮여! 詠而歸로다.

달 일 본 혜 통 만 수
達一本兮여! 通萬殊로다.

앙 천 혜 부 지 어 약 혜 연 비
仰天兮여! 俯地로다. 魚躍兮여! 鳶飛로다.

훈 화 이 서 혜 오 수 여 귀
勳華已逝兮여! 吾誰與歸리오?

락 피 행 단 혜 원 득 아 사
樂彼杏壇兮여! 爰得我師로다.

2. 화석정 (花石亭)¹⁾

숲속 정자에 가을이 이미 깊어드니
시인²⁾의 시상(詩想)이 끝이 없구나.

---

1) 화석정(花石亭): 경기도 파주군 파평면 율곡리 임진강 남쪽 언덕에 있는 정자. 〈신증동
국여지승람(新增東國輿地勝覽)〉에 의하면 율곡의 선조〔德水李氏〕 강평공(康平公)이 이
곳에 정자를 이룩하였다 한다(이이의 호가 율곡인 것도 이곳 지명에서 유래함). 그 후
임진왜란 때 선조가 몽진(蒙塵)시 이곳 임진 나루터에 밤에 이르러 건널 수가 없게 되
자, 이 정자를 태워 밝히고 건넜다 하며, 그 후 다시 복원하여 송시열(宋時烈)·박세채
(朴世采)의 중수기(重修記)가 있고(〈조선명승고적〉 참고), 그 후 6·25 때 다시 불탔다
가 1966년 유림에서 재건하였다. 이 시는 율곡 8세 때 작품이라 한다.

멀리 보이는 물은 하늘에 잇닿아 푸르고
서리 맞은 단풍은 햇볕을 향해 붉구나.
산 위에는 둥근 달[3]이 떠오르고
강은 만리에서 불어오는 바람을 머금었네.
변방의 기러기는 어느 곳으로 날아가는고?
울고 가는 소리 저녁 구름 속으로 사라지네.[4]

원문

林亭秋已晚, 騷客意無窮.
遠水連天碧, 霜楓向日紅.
山吐孤輪月, 江含萬理風.
塞鴻何處去, 聲斷暮雲中.

읽기

임정추이만　　　　소객의무궁
林亭秋已晚하니 騷客意無窮이로다.

원수련천벽　　　　상풍향일홍
遠水連天碧하고 霜楓向日紅이로다.

산토고륜월　　　　강함만리풍
山吐孤輪月하니 江含萬理風이로다.

새홍하처거　　　　성단모운중
塞鴻何處去요? 聲斷暮雲中이로다.

---

2) 소객(騷客): 시인(詩人)을 뜻한다. 매요신(梅堯臣)의 〈능소화부(凌霄花賦)〉에 「或製裳
　　于騷客, 或登歌于樂章」이라 했다.

3) 고윤월(孤輪月): 바퀴 하나와 같은 달. 즉 둥근 달.

4) 성단모운중(聲斷暮雲中): 왕발(王勃)의 〈승왕각서(滕王閣序)〉에 「漁舟唱晚, 響窮彭蠡
　　之濱, 雁障驚寒, 聲斷衡陽之浦」란 구(句)가 있다.

3. 망보개산(望寶蓋山)

보개산[1] 모습이 안중(眼中)에 드네.
그 입구는 응당 백운(白雲)이 막그 있겠지.
알겠도다, 그 속의 은자(隱者)는 봄 졸음에 겨워
소나무 아래서 두던 장기 거두지도 않았음을.

원문

寶蓋山容入望中, 洞門應有白雲封.
遙知隱者饒春睡, 松下殘棊斂未終.

읽기

寶蓋山容入望中하니 洞門應有白雲封이로다.
遙知隱者饒春睡하여 松下殘棊斂未終이로다.

4. 산중(山中)

약을 캐다 홀연히 길을 잃었네.
천봉(千峯) 가을 낙엽 쌓인 속에서,

---

1) 보개산(寶蓋山): 경기도 연천(漣川)과 철원(鐵原) 사이에 있는 산. 〈동국여지승람(東國
   興地勝覽)〉 철원 도호부(鐵原都護府)에 「寶蓋山, 在府南十七里」 또 연천현(漣川縣)에
   「寶蓋山, 在縣東北二十里, 鐵原界」라 했다.

산승(山僧)이 물을 길어 돌아간 뒤에,
수풀 끝 저 멀리 차 끓이는 연기 피어오르네.

採藥忽迷路, 千峯秋葉裡.
山僧汲水歸, 林末茶煙起.

채 약 홀 미 로   천 봉 추 엽 리
採藥忽迷路터니 千峯秋葉裡로다.
산 승 급 수 귀   림 말 다 연 기
山僧汲水歸엔 林末茶煙起로다.

5. 범국(泛菊)[1]

서릿속의 국화가 너무 아까워
금빛 꽃잎을 따서 술잔에 가득히 담네.
맑은 향기 술맛을 더하고
빼어난 색깔은 시를 토해 내는 창자를 부드럽게 하니.
도연명[2]은 언제나 국화를 땄으며
굴원은[3] 급하게도 이를 맛보았네.

---

1) 범국(泛菊): 국화를 술잔에 띄움.
2) 원량(元亮): 진(晉)나라 전원 시인 도연명(陶淵明). 그의 「잡시(雜詩)」에 「採菊東籬下,
   悠然見南山, 山氣日夕佳, 飛鳥相與還」이란 구절이 있다.
3) 영균(靈均): 초(楚)나라 굴원(屈原)의 자(字). 그의 「이소(離騷)」에 「名余曰正則兮, 字

어찌 그렇게 말로만 할 자리이랴?
시와 술이 함께 만난 이 자리에서.

爲愛霜中菊, 金英摘滿觴.
淸香添酒味, 秀色潤詩腸.
元亮尋常採, 靈均造次嘗.
何如情話處, 詩酒兩逢場.

위 애 상 중 국　　　금 영 적 만 상
爲愛霜中菊하여　金英摘滿觴이로다.

청 향 첨 주 미　　　수 색 윤 시 장
淸香添酒味하니　秀色潤詩腸이로다.

원 량 심 상 채　　　령 균 조 차 상
元亮尋常採하고　靈均造次嘗이로다.

하 여 정 화 처　　　시 주 량 봉 장
何如情話處에　　詩酒兩逢場이리오?

6. 영국(詠菊)

아름다운 꽃잎을 주울 때면 도연명을 가엾게 여기고
꽃잎이 흩어진 곳에서 굴원을 애석히 여기네.
가을 서리 한 번 뿌린 동쪽 울타리 곁에서

余曰靈均」라 하였다. 또한 백거이(白居易)의 「영가온시(詠家醞詩)」에 「獨醒從古笑靈
均」이란 구절이 있다.

다만 이 꽃만 있을 뿐 이런 사람 다시 없네.

佳色掇時憐靖節, 落英餐處惜靈均.
秋霜一著東離畔, 只有此花無此人.

가 색 철 시 련 정 절
佳色掇時憐靖節하고[1]　　落英餐處惜靈均이로다.[2]
락 영 찬 처 석 령 균

추 상 일 저 동 리 반
秋霜一著東離畔하나　　只有此花無此人이로다.
지 유 차 화 무 차 인

7. 송애기(松崖記)[1]

　내 평소에 풍암(風巖)의 하류에 좋은 곳이 많다고 들었는데 미투
리를 신고 가서 놀아 보지는 못했더니, 신미년(辛未年) 계하(季夏)[2]
열흘에 친구 6, 7명과 더불어 계곡을 따라 위로 올라가게 되었다.
　보아하니 수풀이 이어진 곳에 흩어진 물줄기가 구불구불하여 그
형세가 혹은 일어서기도 하고 혹 엎드리기도 했으며, 높은 곳에 푸
른 절벽이 병풍처럼 있으니 그 아래는 반드시 맑은 물이 못을 이루
고 있으리라 여겼다.
　객(客) 가운데 그 상원(上源)까지 다 가 보고 아홉 곳이나 진경(眞

---

1) 정절(靖節): 도연명을 가리킴(앞의 시 참조).
2) 영균(靈均): 굴원을 가리킨다.

景)이 있음을 알고 구곡(九曲)이라 불렀다.

우리들이 제4담(四潭)에 이르니 모두들 제일 승경이라 여겨 모랫가에 자리를 폈다. 위로는 푸른 절벽이었으며 앉은 자리 가의 물은 그 넓이가 배를 띄울 만한데, 절벽 아래에는 난괴(亂怪)한 돌들이 서로 얽히어 그 중 한 바위는 모양이 배처럼 생겨서 이름도 그렇게 붙였다. 4, 5명 정도 앉을 만하였으며 바로 이 근처는 한 늙은이의 낚시터였다.

위로 쳐다보니 바위 틈에 제비가 집을 지어 놓았는데, 우리들은 어쩌면 그 지을 만한 곳에 지었느냐고 기이하게 여겼다. 객이 이곳 이름을 청해 오매 나는 이름짓기를 송애(松崖)[3]라 하였다. 절벽 위에 소나무가 있기 때문이었다.

절벽의 왼쪽 옆에 고사(古寺)의 터가 있었다. 수풀이 매우 어둡고 짙어서 바라보니 아득하였다.

우리들은 옷을 걷어붙이고 올랐다. 그 절이 폐한 지 오래 되어 길을 찾을 수가 없어서 힘센 종을 시켜 풀을 치면서 앞에서 인도하게 시켰다.

바위 튀어나온 곳을 붙들고 올라 험준(險峻)한 곳을 넘어서자 옆에 구멍이 하나 있었는데 그 밑이 보이지 않았다. 위절(危砌)한 데를 넘어서니 아직도 완전한 돌샘이 남아 있어 찬물이 흘러내리고 있었으며, 그 위치를 헤아려 보니 아마도 산의 6분의 4 정도는 됨직하였다.[4]

---

1) 송애기(松崖記): 해주(海州)의 풍암(風巖) 아래를 송애(松崖: 소나무 절벽)라 이름 짓고 그곳을 유람한 유기(遊記)이다.
2) 계하(季夏): 음력 6월.
3) 송애(松崖): 고산 구곡(高山九曲) 중의 제 4곡.
4) 육지사(六之四): 산 높이로 보아 6분의 4 정도에 위치하고 있다는 뜻이다.

눈앞이 확 트였으나 마침 구름이 어두워 멀리 바라볼 수는 없었다.

객이 구름 밖을 가리키며 "우이산(牛耳山)[5]과 불족산(佛足山)[6] 등이 저쪽에 나란히 서 있다" 하였다.

절의 옛 이름은 갈공사(葛公寺)였다. 나는 "갈공이 초암(草菴)을 짓고 그 이름을 가공(架空)이라고 고쳐 부르지 않았던가?"라 하였다.

우리들은 배회하며 둘러보다가 저녁때나 되어서야 돌아왔다.

아! 외물(外物)로 가히 즐길 만한 것은 모두가 진실된 즐거움이 아니니, 군자의 즐기는 바는 안에 있는 것이지 밖에 있는 것이 아니로다.

저 산 묏부리도 또한 흐르는 것이어서 나와 함께 하지는 못하는데, 옛날의 성현들이 그래도 이를 즐긴 것은 그 까닭이 무엇인가?

아마도 안과 밖을 나누어 둘이 된 것은 진실한 낙(樂)을 안다고 할 수 없으리니, 반드시 안팎을 하나로 하고 피차(彼此)를 없이 하는 것이 그 진실한 즐거움을 안다고 이를진저!

하늘의 이치는 본래 안팎의 사이가 없으니, 저가 안이 있고 밖이 있으면 반드시 사람이 그 사이에 있으려 할 것이다.

진실로 사람이 욕심 사이에 처하지 아니하면 곧 호연자득(浩然自得)할[7] 것이니 머물지 않는 것이라 해서 즐기지 아니하랴?

---

5) 우이(牛耳): 산 이름. 〈신증동국여지승람(新增東國輿地勝覽)〉 해주목(海州牧) 편에 「牛耳山, 在州北十一里」라 했다.

6) 불족(佛足): 산 이름. 역시 같은 해주목(海州牧) 편에 「佛足山, 在州北二十七里, 山頂石上, 有人跡, 時人謂之佛跡」이라 했다.

7) 호연자득(浩然自得): 호연지기(浩然之氣)를 이른다. 〈맹자(孟子)〉 공손추편(公孫丑篇)에 「我善養吾浩然之氣, 敢問何謂浩然之氣? 曰: 難言也. 至大至剛, 以直養而無害, 則塞

옛날에 증석(曾晳)이 욕기(浴沂)의 이야기를 꺼냈을 때 부자(夫子)께선 탄식하면서 깊이 증석의 말에 허여(許與)하셨다.[8]

무릇 사람의 욕심이 끝까지 간 데에는 하늘의 도리가 묘한 연고를 흐르게 하는 것을 볼지니, 그렇지 않다면 성남(城南)의 목욕과 단상(壇上)의 노래하는 등 노(魯)나라 사람의 같은 바를 어찌 일일이 함께 하리요!

비록 그렇다 하나 천리(天理)의 묘한 것은 학자가 쉽게 말로 할 수는 없는 것. 천리의 묘한 것을 보고자 한다면 마땅히 스스로 신독(愼獨)[9]을 할지니, 처음 홀로 있을 때를 삼가면 내 마음에 틈이 없어지고 마음에 틈이 없으면 천리가 이에 흘러 행해질 것이다.

반대로 홀로 있을 때를 조심하지 아니하면 내 마음에 틈이 생기고, 내 마음에 틈이 생기면 천리가 막혀 버리나니 우리 무리의 선비들은 여기에 힘쓸지어다.

松崖記
余素聞風巖下流多佳處, 游屬適未及焉, 辛未季夏之旬, 與友六七人, 沿溪而上, 見林巒旁流逶迤, 或起或伏高處必有翠崖如

于天地之間, 其爲氣也, 配義與道, 無是餒也, 是集義所生者, 非義襲而取之也, 行有不慊於心, 則餒矣」라 하였다.

8) 증석유욕기지담(曾晳有浴沂之談): 자로(子路), 증석(曾晳, 곧 曾點, 曾參의 아버지), 염유(冉有), 공서화(公西華) 네 사람이 공자를 모시고 있을 때 각각 자기의 포부를 밝힐 때 증석이 제일 끝에 한 말. 〈논어(論語)〉 선진편(先進篇)에 「…曰莫春者, 春服旣成, 冠者五六人, 童子六七人, 浴乎沂, 風乎舞雩, 詠而歸, 夫子謂然歎 曰 : 吾與點也」라 하였다.

9) 신독(愼獨): 〈중용(中庸)〉 제1장에 「莫見乎隱, 莫顯乎微, 故君子愼其獨也」라 하였다.

屛, 其下必渟水成潭, 客有窮其源者, 知其數有九眞所, 謂九曲也. 余等行至第四潭, 人以爲最勝 故設席沙, 上面翠崖, 而坐水, 廣可容舟, 崖下亂石相錯, 一巖狀如船, 因以名, 可坐四五人 邨老之釣磯也, 仰視巖隙有玄鳥巢, 余等奇其知所止也. 有客謂名其地, 余創名之曰松崖, 崖上有松故也, 崖之左旁, 有古寺基, 樹陰甚濃, 望之縹緲, 余等襄衣而陟, 寺之廢也久, 無路可尋, 使健奴伐草, 先導, 攀緣巖角, 備凌險峻嶝, 側有一穴, 不見其底, 旣登危砌, 尚完石泉寒冽, 自下測其高, 則蓋得六之四焉 眼界甚闊, 適雲瞑不能遠眺, 客指雲外曰牛耳佛足等山, 羅列于彼云, 寺舊名蒍公, 余曰蒍公無謂請構草菴, 改其名曰架空, 余等徘徊顧瞻, 抵暮乃還, 嗚呼, 外物之可樂者, 皆非眞樂也. 君子之所樂, 在內而不在外, 則彼之峙且流者, 無與我, 而古之聖賢, 尚有樂之者, 其故何耶, 蓋分內外而二之者, 非知眞樂者也, 必也一內外, 無彼此者, 其知眞樂乎, 天理本無內外之間, 彼有內有外, 必有人欲間之也, 苟無人欲之間, 則浩然自得焉, 徃而不樂哉. 昔者, 曾晳有浴沂之談, 夫子嘆息而深許之以晳也, 見夫人欲盡處, 天理流行之妙故也. 不然則城南之浴, 壇上之詠, 魯人之所同也, 烏可一一與之乎. 雖然, 天理之妙, 非學者所可易言也. 欲見天理之妙, 當自愼獨始愼乎獨, 則吾心無間, 吾心無間, 則天理流行矣, 不愼乎獨, 則吾心有間. 吾心有間, 則天理阻閡矣. 吾黨之士, 其勉乎此.

읽기

<ruby>松崖記<rt>송 애 기</rt></ruby>

<ruby>余素聞風巖下流多佳處<rt>여 소 문 풍 암 하 류 다 가 처</rt></ruby>하나 <ruby>游屬適未及焉<rt>유 촉 적 미 급 언</rt></ruby>이로다. <ruby>辛未季夏之旬<rt>신 미 계 하 지 순</rt></ruby>에

與友六七人으로 沿溪而上이로다. 見林巒旁流透迤하여 或起或伏하니
高處必有翠崖如屏하여 其下必亭水成潭이로다. 客有窮其源者하여
知其數有九眞所하니 謂九曲也로다. 余等行至第四潭하니 人以爲最勝
이라 故設席沙로다. 上面翠崖하여 而坐水하니 廣可容舟로다. 崖下亂
石相錯한대 一巖狀如船하니 因以名이라. 可坐四五人한대 邨老之釣磯
也와 仰視巖隙有玄鳥巢로다. 余等奇其知所止也라. 有客謂名其地에
余創名之曰松崖하니 崖上有松故也하여 崖之左旁이로다. 有古寺基하
니 樹陰甚濃하여 望之縹緲로다. 余等褰衣而陟하니 寺之廢也久하여
無路可尋이라. 使健奴伐草하여 先導하고 攀緣巖角하여 備凌險峻嶝한
대 側有一穴이나 不見其底니라. 旣登危砌하여 尙完石泉寒冽이라. 自
下測其高하니 則蓋得六之四焉이로다. 眼界甚闊한대 適雲暝不能遠眺
라. 客指雲外曰:『牛耳·佛足等山이 羅列于彼』라 云하니라. 寺舊名
葛公이라 余曰하되『葛公無謂請構草菴하여 改其名曰架空?』이라 하니
라. 余等徘徊顧瞻타가 抵暮乃還이라.

嗚呼라! 外物之可樂者는 皆非眞樂也니라. 君子之所樂은 在內而不
在外니라. 則彼之峙且流者는 無與我인대 而古之聖賢이 尙有樂之者
는 其故何耶오? 蓋分內外而二之者가 非知眞樂者也니라. 必也一內
外하여 無彼此者는 其知眞樂乎인저! 天理本無內外之間하나 彼有內
有外하니 必有人欲間之也니라. 苟無人欲之間이면 則浩然自得焉이리

니 徃而不樂哉리오? 昔者에 曾晳이 有浴沂之談하니 夫子嘆息而深許
之以晳也라. 見夫人欲盡處는 天理流行之妙故也라. 不然則城南之浴
과 壇上之詠과 魯人之所同也니라. 烏可一一與之乎리오? 雖然이나 天
理之妙는 非學者所可易言也니라. 欲見天理之妙하되 當自愼獨始니
愼乎獨이면 則吾心無間하며 吾心無間이면 則天理流行矣니라. 不愼乎
獨이면 則吾心有間이니라. 吾心有間이면 則天理阻閡矣니라. 吾黨之
士가 其勉乎此인저!

8. 고산 구곡가 (高山九曲歌)[1]

(一)

고산 구곡담을 세인(世人)이 일찍이 모르더니,

띠를 베고[2] 찾아와 터잡고 집 지으니[3] 명우(明友)[4]들이 모여드네.

---

1) 고산 구곡가(高山九曲歌): 율곡(栗谷) 42세 때 황해도 해주의 수양산(首陽山) 석담(石
潭)에 살 때 지은 십연수(十聯首)로 석담 구곡가(石潭九曲歌)라고도 한다. 이 노래는
특히 주자(朱子)의 무이 구곡가(武夷九曲歌)를 본떠서 읊은 것으로, 10수 중 제1수는
바로 서시(序詩)에 해당하며 제2수부터 제10수까지가 1곡부터 9곡에 해당한다. 즉 제2
수는 관암(冠巖, 第一曲), 제3수는 화암(花巖, 第二曲), 제4수는 취병(翠屏, 第三曲), 제
5수는 송애(松崖, 第四曲), 제6수는 은병(隱屏, 第五曲), 제7수는 조협(釣峽, 第六曲),
제8수는 풍암(楓巖, 第七曲), 제9수는 금탄(琴灘, 第八曲). 제10수는 문산(文山, 第九
曲)이다. 이 연시조(聯時調) 형식의 10수는 바로 율곡 자신이 지은 것이며 한역(漢譯)
은 뒤에 우암(尤庵) 송시열(宋時烈)이 번문(翻文)한 것이다. 〈율곡집(栗谷集)〉 권 2 끝
에 부록(附錄)으로 수록되어 있으며「本諺錄係宋時烈翻文」이라고 주를 달아 놓았다.

2) 주모(誅茅): 띠와 덩굴 등을 베어냄.

3) 복거(卜居): 원래는 점을 쳐서 터를 잡고 주거지를 이룸을 말함. 〈초사(楚辭)〉에 복거편
(卜居篇)이 있다.

무이 구곡(武夷九曲)[5]을 상상하며 주자[6]를 배우리로다.

> 고산 구곡담(高山九曲潭)을 살름이 몰으드니,
>
> 주모복거(誅茅卜居)ㅎ니 벗님네 다 오신다.
>
> 어즙어 무이(武夷)를 상상(想像)ㅎ고 학주자(學朱子)를 ㅎ리라.
>
> [漢譯] 高山九曲潭, 世人未曾知.
>
>   誅茅來卜居, 明友皆會之.
>
>   武夷仍想像, 所願學朱子.

고 산 구 곡 담　　세 인 미 증 지
高出九曲潭을　世人未曾知터니

주 모 내 복 거　　명 우 개 회 지
誅茅來卜居하여　明友皆會之니라.

무 이 잉 상 상　　소 원 학 주 자
武夷仍想像하고　所願學朱子니라.

---

4) 명우(明友): 훌륭한 친구들.

5) 무이(武夷): 중국 복건성(福建省) 숭안현(崇安縣)에 있는 산 이름. 〈사류통편(事類統編)〉 권 21의 주(註)에 「卜武夷山在崇安縣南三十皇 … 相傳昔有神人曰武夷君者居此, 故名」이라 하였고 또한 〈송사(宋史)〉 신기질전(辛棄疾傳)에 「…棄疾常同朱熹遊武夷九曲山, 賦武夷九曲櫂歌…」라 하였다. 이곳은 바로 송대이학(宋代理學)의 거봉인 민파(閩派) 주자(朱子, 熹)가 무이정사(武夷精舍)를 짓고 강학하던 곳으로 율곡은 주자를 흠모하여 여기에 인용한 것이다. 참고로 무이구곡은, 1. 승진동(升眞洞), 2. 옥녀봉(玉女峯), 3. 선기암(仙機巖), 4. 금계암(金雞巖), 5. 철적암(鐵笛巖), 6. 선장암(仙掌巖), 7. 석당사(石唐寺), 8. 고루암(鼓樓巖), 9. 신촌시(新村市)이며 주자는 일찍이 구곡가(九曲歌)를 지었다.

6) 주자(朱子, 1130~1200): 남송(南宋)의 거유(巨儒). 이름은 희(熹), 자는 원회(元晦), 중회(仲晦), 호는 회암(晦庵), 주자학(朱子學)의 비조. 저서로는 〈자치통감강목(資治通鑑綱目)〉, 〈사서집주(四書集註)〉, 〈근사록(近思錄)〉, 〈소학(小學)〉 등이 있다.

(二)

일곡(一曲)은 그 어디메뇨, 관암(冠岩)에 해 비치네.

너른 무지(蕪地)에 내 걷힌 뒤 먼산이 그림 같고,

솔숲에 술동이 놓고 벗오기를 기다리네.

원 문

> 일곡(一曲)은 어드미고 관암(冠岩)에 히 빗쵠다.
>
> 평무(平蕪)에 닋 거든이 원근(遠近)이 글림이로다.
>
> 송간(松聞)에 녹준(綠樽)을 녹코 벗 온양 보노라.
>
> [漢譯] 一曲何處是, 冠巖日色熙.
>
> 　　　平蕪煙歛後, 遠山眞如畫.
>
> 　　　松間置綠樽, 延佇友人來.

읽기

一曲何處是오? 冠巖日色熙로다.
〔일 곡 하 처 시　관 암 일 색 희〕

平蕪煙歛後에　遠出眞如畫로다.
〔평 무 연 렴 후　원 산 진 여 화〕

松間置綠樽하여　延佇友人來로다.
〔송 간 치 록 준　연 저 우 인 래〕

(三)

이곡(二曲)은 어디메뇨, 화암(花巖)에 봄빛이 늦었구나.

푸른 물결에 산꽃을 띄우니 들 밖으로 흘러가네.

이 좋은 곳 모르는 사람 그 꽃으로 알게 한들 어떠리.

이곡(二曲)은 어드미고 화암(花巖)에 춘만(春晚)커다.

벽파(碧波)에 곳츨 띄워 야외(野外)에 보내노라.

살 롬이 승지(勝地)를 몰온이 알게 흔들 엇더리.

[漢譯] 二曲何處是, 花巖春景晚.

碧波泛山花, 野外流出去.

勝地人不知, 使人知如何.

이 곡 하 처 시　　　화 암 춘 경 만
二曲何處是오? 花巖春景晚토다.

벽 파 범 산 화　　　야 외 류 출 거
碧波泛山花를　野外流出去로다.

승 지 인 부 지　　　사 인 지 여 하
勝地人不知한대 使人知如何오?

(四)

삼곡(三曲)은 그 어디메뇨, 취병(翠屛)에 잎이 퍼졌네.

푸른 나무 사이 산새는 오르내리며 노래하고

서리서리 소나무는 맑은 바람 맞이하니, 여름의 염열(炎熱)을 그 어디서 찾을 겐고.

삼곡(三曲)은 어드미고 취병(翠屛)에 닙퍼졌다.

녹수(綠樹)에 산조(山鳥)는 하상기음(下上其音)ㅎ는 적의

반송(盤松)이 수청풍(受淸風)흔이 녀름 경(景)이 업세라.

[漢譯] 三曲何處是, 翠屛葉已敷.

緣樹有山鳥, 上下其音時.

盤松受淸風, 頓無夏炎熱.

읽기

三曲何處是오? 翠屛葉已敷로다.

緣樹有山鳥하여 上下其音時로다.

盤松受淸風하니 頓無夏炎熱이로다.

(五)

사곡(四曲)은 어디메뇨, 송애(松崖)에 저녁빛이 지고 있네.

못 가운데 바위 그림자 거꾸로 잠겨드니 온갖 경색(景色)이 모두 다 잠겼세라.

숲과 샘물은 깊을수록 더욱 좋아, 이 그윽한 흥취를 스스로 이기기 어렵도다.

원 문

사곡(四曲)은 어드미고 송애(松崖)에 히 넘거다.

담심암영(潭心巖影)은 온갖 빗치 줌겻세라.

임천(林泉)이 깁도록 죠흐니 흥(興)을 계워하노라.

[漢譯] 四曲何處是, 松崖日西沈.

潭心巖影倒, 色色皆蘸之.

林泉深更好, 幽興難自勝.

읽기

四曲何處是오? 松崖日西沈이로다.
(사 곡 하 처 시) (송 애 일 서 침)

潭心巖影倒하니 色色皆蘸之로다
(담 심 암 영 도) (색 색 개 잠 지)

林泉深更好하니 幽興難自勝이로다.
(림 천 심 경 호) (유 흥 난 자 승)

(六)

오곡(五曲)은 어디메뇨, 은병(隱屛)이 제일 가경(佳景)이다.

물가엔 정사(精舍)[7]가 있어 맑은 뜻 끝없어라.

그 가운데 늘 강학(講學)하며 달도 읊고 바람도 읊고.

원문

오곡(五曲)은 어드미고, 은병(隱屛)이 보기 죠희.

수변정사(水邊精舍)는 소쇄(瀟灑)홈도 ᄀ이 업다.

이 중(中)에 강학(講學)도 흘언이와 영월음풍(詠月吟風)흐올
리라.

[漢譯] 五曲何處是, 隱屛最好看.

水邊精舍在, 瀟灑意無極.

箇中常講學, 詠月且吟風.

---

7) 정사(精舍): 학사(學舍) 혹은 도사(道士)ᄀ 거하는 곳, 혹은 불사(佛寺). 여기서는 강학
하는 곳.

오 곡 하 처 시　　은 병 최 호 간
五曲何處是오? 隱屛最好看이로다.

수 변 정 사 재　　소 쇄 의 무 극
水邊精舍在하여 瀟灑意無極이로다.

개 중 상 강 학　　영 월 차 음 풍
箇中常講學하여 詠月且吟風이로다.

(七)

육곡(六曲)은 어디메뇨, 조계(釣溪)[8] 물가는 넓기도 하이.

모를레라 사람과 저 물고기, 그 즐거움 뉘 더 많을지를

해질녘에 죽간(竹竿: 낚싯대) 메고 나가 달을 띠고 돌아오네.

원 문

육곡(六曲)은 어드미고 조협(釣峽)에 물이 넙다.

나와 고기와 뉘야 더욱 즐이는고

황혼(黃昏)에 낙대를 메고 대월귀(帶月歸)를 ᄒ노라.

[漢譯] 六曲何處是, 釣溪水邊闊.

不知人與魚, 其樂孰爲多.

黃昏荷竹竿, 聯且帶月歸.

읽기

육 곡 하 처 시　　조 계 수 변 활
六曲何處是오? 釣溪水邊闊이로다.

부 지 인 여 어　　기 락 숙 위 다
不知人與魚이니 其樂孰爲多오?

---

8) 조계(釣溪): 조협(釣峽)이라고도 한다.

黃昏荷竹竿하니 聯且帶月歸로다.

(八)

칠곡(七曲)은 어디메뇨, 풍암(楓巖)에 가을 빛 맑도다.

맑은 서리 엷게 때렸다 하니 절벽이 정말 비단결이로고.

찬 바위에 홀로 앉아 있어 볼 때면 즐거움에[9] 그만 집에 갈 생각
까지 잊는구나.

원 문

> 칠곡(七曲)은 어드미고 풍암(楓巖)에 추색(秋色)이 좃타.
>
> 청상(淸霜)이 엷게 친이 절벽이 금수(錦繡)ㅣ로다.
>
> 한암(寒巖)에 혼자 안자셔 집을 닛고 잇노라.
>
> [漢譯] 七曲何處是, 楓巖秋色鮮.
>
> 　　　清霜薄言打, 絶壁眞錦繡.
>
> 　　　寒巖獨坐時, 聊亦且忘家.

읽기

七曲何處是오? 楓巖秋色鮮이로다.

清霜薄言打하니 絶壁眞錦繡로다.

寒巖獨坐時에　聊亦且忘家로다.

---

9) 요(聊): 즐거움으로 풀이하였다. 〈초사(楚辭)〉 왕일(王逸) 구사(九思) 봉우(逢尤) 주에
「聊, 樂也」라 하였다.

(九)

팔곡(八曲)은 그 어딘가, 금탄(琴灘)에 달이 밝다.

옥진(玉軫)[10]과 금휘(金徽)[11]의 거문고로 서너 곡을 타 보노니

고조(古調)는 알 리 없으니 홀로 즐김에 무엇이 방해되리.

원 문

> 팔곡(八曲)은 어드믜고, 금탄(琴灘)에 들이 붉다.
>
> 옥진금휘(玉軫金徽)로 수삼곡(數三曲)을 노론말이
>
> 고조(古調)를 알리 업쓴이 혼자 즑여 ㅎ노라.
>
> [漢譯] 八曲何處是, 琴灘月正明.
>
> 　　玉軫與金徽, 聊奏數三曲.
>
> 　　古調無知者, 何妨獨自樂.

읽기

팔 곡 하 처 시　　금 탄 월 정 명
八曲何處是오? 琴灘月正明이라.

옥 진 여 금 휘　　료 주 수 삼 곡
玉軫與金徽로　聊奏數三曲하니

고 조 무 지 자　　하 방 독 자 락
古調無知者하나 何妨獨自樂이리오?

(十)

구곡(九曲)은 어디메뇨, 문산(文山)에 세모(歲暮)가 깊어 오네.

---

10) 옥진(玉軫): 옥으로 만든 거문고의 진(軫), 진(軫)은 거문고 아래 줄을 옮기는 나무.
　　양원제(梁元帝)의 「추야시(秋夜詩)」에 「金徽調玉軫, 玆夜撫離鴻」이라 했다.

11) 금휘(金徽): 금으로 만든 거문고의 기러기발.

기암(奇巖)과 괴석(怪石)이 눈 속에 묻혔으니

구경꾼들은 와 보지도 아니하고 괜스리 가경(佳景) 없다 말로만들

하더라.

구곡(九曲)은 어드미고, 문산(文山)에 세모(歲暮)커다.

기암괴석(奇岩怪石)이 눈쏙에 뭇쳤세라.

유인(遊人)은 오지 아니ᄒ고 볼썻업다 ᄒ드라.

[漢譯] 九曲何處是, 文山歲暮時.

奇巖與怪石, 雪裡埋其形.

遊人不自來, 漫謂無佳景.

구 곡 하 처 시
九曲何處是오?　　文山歲暮時로다.
문 산 세 모 시

기 암 여 괴 석
奇巖與怪石이　　雪裡埋其形이로다.
설 리 매 기 형

유 인 부 자 래
遊人不自來하고　漫謂無佳景이로다.
만 위 무 가 경

9. 경포대부(鏡浦臺賦)[1)]

일기(一氣)가 유화(流化)하여 맺히기도 하고 녹기도 해서, 바다 밖

---

1) 경포대부(鏡浦臺賦): 율곡(栗谷)이 10세 때 지었다고 알려지고 있다. 부(賦)는 문체의
　이름이다. 경포대(鏡浦臺)는 관동팔경(關東八景)의 하나로 경포 호수(鏡浦湖水) 가에

에 감췄던 것을 열어 산동(山東)[2]에다 맑게 모았도다.

맑은 물이 나뉘어 하늘 못에 담기니 담담한 한 조각 찬 거울이 되고, 한쪽 끝이 봉래섬〔蓬萊島〕 밖으로 트이니 수점(數點)의 푸른 묏부리가 이었도다.

누각이 호수에 임했으니 한 날개로 떠받든 듯, 미량(微凉)은 비단 옷깃에 불어오고 아침해는 금빛 푸른빛으로 조요(照耀)하다.

아래로는 땅도 없어 성곽이 비로소 나뉨을 보겠고 하늘로 솟아오른 대각(臺閣), 어루만져지는 별을 가히 딸 수도 있겠네.

경계는 신선이요 땅은 마치 병 속 같아 파도는 학등의 달을 머금었고, 난간은 익두(鷁頭)[3]의 바람을 맞이하네.

사람이 다리를 건너니 긴 무지개가 파도에 누운 것을 보겠고, 신선의 궁궐이 구름에 비꼈으니 바다의 신기루(蜃氣樓)가 공중에 뜬 것에 비하겠네.

원문

一氣流化, 爰結爰融, 開慳祕於海外, 鍾淸淑於山東, 分淸派於天池, 湛一面之寒鏡, 失左股於蓬島, 列數點之靑峯, 有閣臨湖,

---

있는 누대(樓臺). 〈신증동국여지승람(新增東國輿地勝覽)〉 권 44 강릉 대도호부조(江陵大都護府條)에 「在府東北十五里, 浦之周二十里, 水淨如鏡, 不深不淺, 繞沒入肩背, 四面中央如一, 西岸有峯, 峯上有臺, 臺畔有煉藥石臼, 浦之東口有板橋曰江門橋, 橋外竹島, 島北有白沙五里, 沙外蒼海萬里, 直望日出, 最爲奇勝, 亦曰鏡湖, 有亭, 我太祖世祖, 巡幸駐駕于此」라 하였다.

2) 산동(山東): 관동(關東)을 이름.

3) 익두(鷁頭): 익수(鷁首)라고도 하며 익(鷁)은 백로와 비슷한 물새. 물귀신이 두려워한다고 하며 또한 바람에 잘 견딘다 하여 흔히 뱃머리에 새겨붙임. 〈진서(晋書)〉 왕준전(王濬傳)에 「濬造大舟畵鷁鳥怪獸於船首, 以懼江神」이라 하였다.

如跂斯翼, 引微凉於綺疏, 耀朝日於金碧, 下臨無地, 見城郭而纔分, 上出重霄, 拊星辰而可摘, 境是方外, 地入壺中, 波含鶴背之月, 軒納鷁頭之風, 行人渡橋, 見長虹之臥, 水仙闕橫雲, 比海蜃之浮空.

읽기

一氣流化하여 爰結爰融이로다. 開慳祕於海外하여 鍾清淑於山東이로다. 分清派於天池하니 湛一面之寒鏡이로다. 失左股於蓬島하여 列數點之青峯이로다. 有閣臨湖하고 如跂斯翼이로다. 引微凉於綺疏하여 耀朝日於金碧이로다. 下臨無地하니 見城郭而纔分이요 上出重霄하니 拊星辰而可摘이로다. 境是方外하고 地入壺中하니 波含鶴背之月이요 軒納鷁頭之風이로다. 行人渡橋하니 見長虹之臥요 水仙闕橫雲하니 比海蜃之浮空이로다.

봄이 되매 봄의 신[4]이 천지를 말으니 넓은 생기가 동서(東西)에 유포함이여!

꽃과 풀이 다투어 위아래 피어나고 물과 하늘이 똑같이 맑도다.

버들언덕에 금빛 버들가지는 안개에 갇혀 흐르는 꾀꼬리의 장막이요, 도원[5]의 꽃색은 이슬에 춤추는 나비의 날개를 적시도다.

---

4) 동군(東君): 동쪽의 천군(天君), 곧 봄을 주재하는 신, 오행(五行)으로는 목(木).

5) 도원(桃源): 진(晉)나라 도연명(陶淵明)이 읊은 도화원기(桃花源記)를 이른다. 즉 이상향.

피어오르는 아지랭이 아물거리고 먼산 봉우리는 망망한데, 꽃비〔香雨〕는 어점(漁店)에 흩뿌리고 비단빛 파도는 모래 해안에 번득이네.

이에 거문고를 타다가 옷도 다 풀어 놓으니 증점(曾點)의 욕기(浴沂)의 즐거움을 맛보는 듯[6] 바람을 맞으며 술잔을 잡으니 범중엄(范仲淹)의 우세의 정〔憂世之情〕이[7] 아득하네.

원문

其春也, 東君弭節, 灝氣流行, 東西兮, 花卉競秀, 上下兮, 水天同淸, 柳岸金絲, 煙鎖流鶯之幕, 桃源花色, 露濕蝴蝶之翔, 浮嵐藹藹, 遠岫茫茫, 灑香雨於漁店, 飜錦浪於沙汀, 於是, 鼓瑟解衣, 抱曾點浴沂之樂, 臨風把酒, 藹希文憂世之情.

읽기

其春也에 東君弭節하니 灝氣流行하도다. 東西兮여 花卉競秀로다.

---

6) 증점욕기지락(曾點浴沂之樂): 〈논어(論語)〉 선진편(先進篇) 끝부분에 나오는 이야기로 자로(子路)와 증석(曾晳, 곧 曾點, 曾參의 아버지), 염유(冉有), 공서화(公西華) 넷이 공자를 모시고 각각 소원을 말할 때 증석이 한 말.
「…點, 爾何如 鼓瑟希, 鏗爾舍瑟而作, 對曰 : 異乎三子者之撰, 子曰 : 何傷乎, 亦各言其志也, 曰 : 莫春者, 春服旣成, 冠者五六人, 童子六七人, 浴乎沂, 風乎舞雩, 詠而歸, 夫子喟然嘆曰 : 吾與點也」

7) 애희문우세지정(藹希文憂世之情): 희문(希文)은 범중엄(范仲淹, 989~1052)의 자(字). 범중엄은 송(宋) 인종(仁宗) 때의 대학자이며 정치가, 시호는 문정공(文正公). 그의 글은 모두 근거가 명확하며 내용엔 「엄선생사당기(嚴先生祠堂記)」, 「악양루기(岳陽樓記)」에서처럼 인정(仁政)과 우국인민(憂國憐民)의 정신이 깃들어 있다. 「악양루기(岳陽樓記)」에 「先天下之憂而憂, 後天下之樂而樂」이라 하였다. 문집(文集)으로는 〈범문정공집(范文正公集)〉24권과 부록 1권이 전한다.

上下兮여 水天同淸이로다. 柳岸金絲는 煙鎖流鶯之幕이요 桃源花色은
露濕蝴蝶之翔이로다. 浮嵐藹藹하고 遠岫茫茫하니 灑香雨於漁店하고
飜錦浪於沙汀이로다.

於是에 鼓瑟解衣하여 抱曾點浴沂之樂하여 臨風把酒하고 藹希文憂
世之情이로다.

여름이 되매 축융(祝融)이[8] 권세를 맡으니 만물을 길러내네. 초목
의 퍼짐과 영성(榮盛)함을 나누고 불 같은 번열(煩熱)을 내리쬐도
다.

염염(炎炎)한 화기(火氣)는 해가 조맹(趙孟)의 엄함을 토하고,[9] 첩
첩한 기봉(奇峯)엔 구름이 도연명의 시구(詩句)에 들도다.[10]

쌓였던 비가 처음으로 개어지니 산은 무럭무럭 안개가 피어나고
여러 냇물은 다투어 물을 뿜어 용용(溶溶)하게 물결을 넓히도다.

이에 난대(蘭臺)에서 글을 읊으니 쾌재(快哉)라, 초(楚)나라 양왕
(襄王)의 웅장한 풍기(風氣)여![11] 전각에 시원한 바람 나니 당(唐)나

---

8) 축융(祝融): 남쪽을 관장하는 신(神), 곧 하신(夏神). 더위와 한발을 일으킨다고도 한
　다. 〈좌전(左傳)〉 소공(昭公) 29년에 「火正曰祝融」이라 하였고, 〈예기(禮記)〉 월령편
　(月令篇)에 「孟夏之月, 其神祝融」이라 하였으며, 〈회남자(淮南子)〉 시즉훈(時則訓)의
　고유주(高誘注)에는 「祝融, 顓頊之孫也, 一名黎 爲高辛爲火正, 死爲火神也」라 하였다.
9) 일토조맹지엄(日吐超孟之嚴): 춘추 시대 조(趙)나라 조돈(趙盾, 시호는 宣子. 孟은 그
　의 字)을 두고 한 말. 조돈(趙盾)은 성격이 불 같아서 그의 아버지 조최(趙衰)와 대조를
　이루어 당시 사람들이 「趙衰, 冬日之日也, 趙盾, 夏日之日也, 冬日可愛, 夏日可畏」라 하
　였다.
10) 운입연명지구(雲入淵明之句): 진(晋)나라 도잠(陶潛)의 「귀거래사(歸去來辭)」에 「雲
　無心以出岫, 鳥倦飛而知還」이란 구(句)가 있다.

라 문왕(文王)[12]처럼 여름을 사랑하도다.

其夏也, 祝融司權, 長養萬物, 分草木之敷榮, 極流爍之煩熱,
炎炎火氣, 日比趙孟之嚴, 疊疊奇峯, 雲入淵明之句, 積雨初霽,
衆川爭赴, 山烝烝而霧生, 水溶溶而波闊, 於是, 蘭臺詠賦, 快哉
楚襄之風, 殿角生凉, 愛此唐文之日.

其夏也에 祝融司權하니 長養萬物이로다. 分草木之敷榮이요 極流爍
之煩熱이로다. 炎炎火氣는 日比趙孟之嚴이요 疊疊奇峯은 雲入淵明
之句로다. 積雨初霽하고 衆川爭赴하니 山烝烝而霧生하고 水溶溶而波
闊이로다.

於是에 蘭臺詠賦하니 快哉楚襄之風이요 殿角生凉하니 愛此唐文之
日이로다.

---

11) 초양지웅풍(楚襄之雄風): 초(楚)의 장양왕(莊襄王)이 난대(蘭臺)에서 논 고사. 난대
(蘭臺)는 지금의 호북성(湖北省) 종상현(鍾祥縣). 문선(文選)의 송옥(宋玉)의 〈풍부서
(風賦序)〉에 「莊襄王遊於蘭臺之宮」이라 하였다.

12) 당문지하일(唐文之夏日): 당 문종[李昻]이 유공권(柳公權)과 연구(聯句)를 대작(對
作)할 때 「人皆苦炎熱, 我愛夏日長」이라 하자 공권(公權)이 「薰風自南來, 殿閣生微凉」
이라 답련(答聯)하였다. 동파(東坡)는 이를 비평하고, 「足柳公權聯句」란 시를 지어 뒤
를 잇기를 「一爲居所移, 苦樂相永忘, 願言均此施, 清陰分四方」이라 하였다.

가을이 되매 금신(金神)[13]이 계절을 안무(按撫)하니 대지가 처량하네. 성긴 별빛 사이로 기러기가 날고[14] 나뭇잎은 맑은 서리에 붉은 물이 들었구나.

붉은 여뀌 언덕 가엔 해오라기가 노는 고기의 출몰을 엿보고 있고 백빈주(白蘋洲)[15] 가에서는 갈매기가 낚싯배 오감에 놀라 뛰네. 창가에 들려오는 고기잡이 피리가 하늘까지 유유(悠悠)하고, 그 소리 멀수록 바람 타고 티끌 세상을 쓰는구나. 달빛은 교교(皎皎)하게 그 빛을 더하도다

이에 장한(張翰)을 따라 오주(吳州)까지 가서 농어회〔鱸魚膾〕와 순갱(蓴羹) 맛을 즐기고[16] 동파(東坡)의 적벽부를 뒤쫓아서 명월(明月)과 요조(窈窕)의 노래[17]를 부르리라.

---

13) 금신(金神): 금(金)은 5행에서 방위로 서방(西方), 계절로는 가을에 해당하여 가을신을 이른다.

14) 정안(征雁): 진안(陣雁)이라고도 쓰며 기러기 떼가 날 때 진(陣)의 모양으로 날기 때문에 이른 말.

15) 백빈주(白蘋洲): 흰 마름이 피어나 있는 삼각주. 이백(李白)의 「청강곡(淸江曲)」에 「白蘋滿棹歸來晚, 秋著蘆花兩岸霜」이란 구(句)가 있다.

16) 장한오주(張翰吳州): 진(晉)나라 때 오군(吳郡) 사람 장한(張翰, 字는 季鷹)은 제왕(齊王) 경(冏)을 섬겨 벼슬이 동조연(東曹掾)에 이르렀으나 가을 바람이 불자 고향 오중(吳中)의 고채(菰菜)와 순갱(蓴羹 일종의 睡蓮국)과 농어회〔鱸魚膾〕를 못 잊어 사직하고 귀향해 버린 고사를 이른다. 〈진서(晉書)〉 권 92를 볼 것. 한편 〈세설신어(世說新語)〉 식감편(識鑑篇)에 「張季鷹辟齊王東曹掾, 在洛, 見秋風起, 因思吳中菰菜, 蓴羹, 鱸魚膾, 曰: 人生貴得適意爾! 何能羈宦數千里以要名爵? 遂命駕便歸俄而齊王敗, 時人皆謂爲見機」라 하였다.

17) 소선적벽(蘇仙赤壁): 소식(蘇軾)의 「적벽부(赤壁賦)」에 「壬戌之秋, 七月旣望, 蘇子與客, 泛舟遊於赤壁之下, 淸風徐來. 水波不興 擧酒屬客 誦明月之詩 歌窈窕之章」이라 하였다.

其秋也, 金神按節, 大地凄凉, 列疎篆以征鴈, 染紅葉以淸霜, 紅蓼岸邊, 鷺窺游魚之出沒, 白蘋洲畔, 鷗驚釣舟之往來, 窓來漁笛, 風埽黃埃, 天悠悠而益遠, 月皎皎而增輝, 於是, 踵張翰吳州, 飽玉鱠銀蓴之味, 追蘇仙赤壁, 歌明月窈窕之詩.

읽기

其秋也에 金神按節하니 大地凄凉이라. 列疎篆以征鴈하고 染紅葉以淸霜이로다. 紅蓼岸邊하니 鷺窺游魚之出沒이요 白蘋洲畔하니 鷗驚釣舟之往來로다. 窓來漁笛하고 風埽黃埃하니 天悠悠而益遠이요 月皎皎而增輝로다.

於是에 踵張翰吳州하니 飽玉鱠銀蓴之味요 追蘇仙赤壁하니 歌明月窈窕之詩로다.

겨울이 되매 기운이 폐색(閉塞)하여 궁음(窮陰)에 닿고 연기와 물결까지 얼어붙이고, 조락(凋落)한 백초(百草)는 이미 영락(零落)한데 빼어난 외로운 소나무[18] 그 몇 길이나 되는고?

서릿바람 땅을 진동하니 만리에 칼과 창끝같이 울리고 눈꽃이 공중에서 번무(翻舞)하니 천 겹의 옥가루를 뿌리는 듯하구나.

---

18) 수고송(秀孤松): 진(晋)나라 때 화가 고개지(顧愷之)의 「사시(四時)」라는 시에 「春水滿四澤, 夏雲多奇峯, 秋月揚明輝, 冬嶺秀孤松」이라 하였다.

우주는 아득하고 산천은 삭막(索漠)한데 정범(征帆)은 먼 갯가에 끊어지고 바짝 마른 산모습이 첩첩한 묏부리 사이에 나타나네.

이에 달을 띠고 벗을 찾으니 왕자유(王子猷)[19]의 흥이 산음(山陰)에 다하지 못하고, 남은 매화 혼이 돌아오니 임처사(林處士)[20]의 풍골이 호서(湖西)에서 마르지 않았네.

其冬也, 氣閉窮陰, 凍銷煙浪, 凋百草, 其已零, 秀孤松兮, 幾丈, 霜風振地, 鳴萬馬之刀鎗, 雪花飜空, 散千重之玉屑 宇宙微茫, 山川索漠, 征帆絶於遠浦, 瘦骨生於疊嶂 於是, 帶月尋友, 王予猷興, 不盡於山陰, 殘海返魂, 林處士骨, 未槁於湖上.

其冬也에 氣閉窮陰하니 凍銷煙浪이로다. 凋百草하고 其已零하니 秀

---

19) 왕자유(王子猷, ?~388): 왕휘지(王徽之)를 가리킨다. 그의 자가 자유(子猷)였으며 왕희지(王羲之)의 아들로써 임정방달(任情放達)하여 많은 일화를 남겼다. 〈진서(晉書)〉 권 80에 전(傳)이 있다. 그가 산음(山陰)에 살 때에 밤에 큰 눈이 내리자 흥회를 못견뎌 친구 대안도(戴安道)를 눈속에 찾아갔으나 그 문 앞에 이르러 흥이 깨어지자 그대로 되돌아온 고사가 있다. 〈세설신어(世說新語)〉 임탄편(任誕篇)에 「王子猷居山陰, 夜大雪, 眼覺, 開室, 命酌酒, 四望皎然. 因起彷徨, 詠左思招隱詩; 忽憶戴安道. 時戴在剡, 卽便夜乘小船就之. 經宿方至, 造門不前而返. 人問其故, 王曰: 吾本興而行, 興盡而返, 何必見戴!」라 하였다.

20) 임처사지골(林處士之骨): 송나라 때 은자(隱者)인 임포(林逋, 967~1029, 시호는 和靖先生)는 집 둘레에 매화를 기르며 학(鶴)을 길러 타고 다니며 살았다 한다. 〈송사(宋史)〉 권 457에 전(傳)이 있으며 「林逋隱居孤山, 常畜兩鶴, 縱之則飛入雲霄, 盤旋久之, 復入籠中, 逋常泛小艇西湖諸寺, 有客至逋所居, 則一童子應門 延客坐, 爲開籠縱鶴, 良久, 逋必棹小船而歸, 蓋常以鶴飛, 爲客至之驗」이라 하였다.

孤松兮여 幾丈이오. 霜風振地하니 鳴萬馬之刀鎗이요 雪花飜空하니
散千重之玉屑이로다. 宇宙微茫하고 山川索漠하니 征帆絶於遠浦요
瘦骨生於疊嶂이로다.

於是에 帶月尋友하니 王子猷興이요 不盡於山陰하니 殘梅返魂이로
다. 林處士骨하니 未槀於湖上이로다.

객이 있어 강산을 혹애(酷愛)하여 벼슬과 시정(市井)엔 뜻이 멀고 웃음으로 오만하게 빈집에 부쳐 주고 이끼긴 댓돌에서 맑은 물을 구경하네.

황학루[21] 앞의 방초(芳草)는 갠 냇물과 함께 멀고 등왕각(滕王閣)[22] 위에 떨어지는 놀은 외로운 따오기와 함께 난다.

이에 눈은 구주(九州)[23]에 높고 정신은 우주[24]에 논다. 세속에 찌든 마음 물누각에 조용하고 세상의 정은 바람 부는 자리에 흩어지네.

금계(金鷄)[25]가 새벽을 부르니 부상(扶桑)[26]의 홍파(紅波)를 안고

---

21) 황학루(黃鶴樓): 최호(崔灝)의 「등황학루(登黃鶴樓)」라는 시에 「晴川歷歷漢陽樹, 春草萋萋鸚鵡洲」라는 구절이 있다.

22) 등왕각(滕王閣): 초당(初唐) 때 왕발(王勃)의 〈등왕각서(滕王閣序)〉에 「虹鎖雨霽, 彩徹雲衢, 落霞與孤鶩齊飛, 秋水共長天一色」이란 구절이 있으며, 염공(閻公)이 여기까지 써내려간 왕발(王勃)의 이 구절을 보고 결국 탄복했다 한다.

23) 구주(九州): 옛날 우(禹)임금이 천하[中國]를 구주(九州)로 나누었다 한다.

24) 육합(六合): 前後左右上下, 즉 우주를 가리킨다.

25) 금계(金鷄): 하늘에 사는 닭으로 그 닭의 새벽 울음에 맞춰 해가 떠오른다 한다. 〈회남자(淮南子)〉에 「桃都山大樹曰桃都, 有金鷄, 日出卽鳴, 天下鷄皆鳴」이라 하였다.

26) 부상(扶桑): 해뜨는 곳. 동해상(東海上)에 있는 신목(神木). 〈산해경(山海經)〉에 「湯

있고, 옥토(玉兎)[27]가 황혼을 이어 떠오르니 용궁의 천층백탑(千層百塔)을 굽어보도다.

有客江山性癖, 朝市心違, 寄笑傲於虛閣, 翫淸漪於苔磯, 黃鶴樓前芳草, 兼晴川共遠, 滕王閣上落霞, 與孤鶩齊飛, 玆以眼高九州, 神遊六合, 塵心靜於水軒, 世淸散於風榻, 金雞唱曉, 挹扶桑萬頃之紅波, 玉兎昇昏, 頫龍官千層之白塔.

有客江山性癖하여 朝市心違라. 寄笑傲於虛閣하여 翫淸漪於苔磯라. 黃鶴樓前芳草하고 兼晴川共遠하니 滕王閣上落霞가 與孤鶩齊飛라. 玆以眼高九州하니 神遊六合이라. 塵心靜於水軒하고 世淸散於風榻이라. 金雞唱曉하니 挹扶桑萬頃之紅波요 玉兎昇昏하니 頫龍官千層之百塔이니라.

즐겁도다, 조망(眺望)을 좇으니 황홀히 신선이 되어 오르는 것 같고, 가는 모래 밟으며 산보하니 흰새를 길들여 함께 졸리라.

고래 같은 큰 물결이 눈앞에 보이고 대붕(大鵬)은 구만 리를 들어

谷之上有扶桑, 十日所浴, 在黑齒北…」이라 하였다.

27) 옥토(玉兎): 달 속에 토끼가 있다 하여 브르는 달의 이칭. 한종(韓琮)의 시구(詩句)에
「金烏長飛玉兎走, 靑鬢長靑古無有」라 하였다.

나는데[28] 오잠(鰲岑)[29]은 그 어디 있는고?

약수(弱水)[30]가 아득히 삼천리요 이미 한 바퀴 유람을 마쳤도다.

위연(喟然)히 탄식하여 가로되 옛 현인은 이미 갔도다. 지난 일은 이미 찾을 길 없네.[31]

죽계[32]의 웅필(雄筆)을 보고 조석간(趙石磵)[33]의 문장을 읊도다.

화재 후의 경영은 옛날 화려한 모습을 슬퍼하고 수중의 저 난계(蘭桂)[34]는 누가 그 옛날 홍장(紅粧)[35]을 실었던고?

---

28) 대붕(大鵬): 〈장자(莊子)〉 소요유(逍遙遊)편에 나오는 고사. 「鵬之徙於南冥也, 水擊三千里, 搏扶搖而上者九萬里, 去以六月息者也」라 했다.

29) 오잠(鰲岑): 오산(鰲山). 큰 자라 등에 얹혀 있다는 전설 속의 산. 또는 지금의 호남성 상덕현(湖南省 常德縣)에 있는 산으로 선감(宣鑑), 의존(義存), 문수(文邃) 세 도승(道僧)이 득도했다는 산.

30) 약수(弱水): 같은 이름의 수명(水名)으로 많이 보이나 여기서는 옛날 부여(扶餘)의 약수(弱水). 〈후한서(後漢書)〉 동이전(東夷傳)에 「扶餘國北有弱水」라 했다. 우리 국토를 말한다.

31) 망양(亡羊): 잃어버린 양. 〈열자(列子)〉 설부편(說符編)에 「楊子之隣人亡羊, 旣率其黨, 又請楊子之豎追之, 楊子曰: 亡一羊, 何追者之衆, 隣人曰: 多岐路, 旣反, 問獲羊乎, 曰: 亡之矣, 奚亡之, 曰: 岐路之中, 又有岐焉, 吾不知所之, 所以反也, 大道以多岐亡羊, 學者以多方喪生」이라 하였다.

32) 죽계(竹溪): 안축(安軸, 1287~1348)을 가리킨다. 그의 작품으로는 경기체가(景幾體歌)인 관동별곡(關東別曲, 관동의 景色을 읊음)과 죽계별곡(竹溪別曲, 小白山 南麓의 順興 竹溪의 景色을 읊음)이 있다.

33) 석간(石磵): 여말 선초(麗末鮮初)의 문인(文人)이며 정치가(政治家)인 조운흘(趙云仡, 1332~1404)을 이른다. 고려 말기에 여러 벼슬을 거쳐 1392년 조선 개국 후 강릉 부사(江陵府使)로 부임하여 선정(善政)을 베풀었다. 작품에 「기우도(騎牛圖)」와 「찬석간가(贊石磵歌)」가 있다.

34) 난계(蘭桂): 현인 군자를 가리킨다. 〈습유기(拾遺記)〉에 「蘭桂可折而不可掩其貞」이라 하였다. 여기서는 홍장(紅粧)과 애정 고사(愛情故事)를 낳은 박혜숙(朴惠肅)과 조운흘(趙云仡, 石磵, 혹 石澗)을 가리킨다. 혹은 난도(蘭棹)가 아닌가 한다. 난도는 난목(蘭木)의 삿대. 〈초사(楚辭)〉 구가상군(九歌湘君)에 「桂棹兮, 蘭枻, 斲冰兮積雪」이라 하였다.

35) 홍장(紅粧): 강릉의 명기(名妓). 서거정(徐居正)의 〈동인시화(東人詩話)〉에 박혜숙(朴惠肅, 信)이 젊어 강원 감사로 있어 강릉 명기(名妓) 홍장을 사랑하여 정이 든 후 임기가 끝나고 떠나려 할 때 강릉 부사인 조운흘(趙云仡, 石磵)이 박에게 넌지시 속여 홍

快哉, 騁眺, 怳若登仙, 踏煙沙而散步, 馴白鳥而共眠, 鯨濤起望中, 大鵬擧兮九萬, 鰲岑在何處, 弱水杳兮三千, 遊覽旣周, 喟然歎曰, 前賢已矣, 往事亡羊, 覽竹溪之雄筆, 吟石澗之淸章, 火後經營, 悵失前日之華構, 水中蘭桂, 誰載昔時之紅粧.

快哉라! 騁眺가 怳若登仙이라 踏煙沙而散步하고 馴白鳥而共眠이라.

鯨濤起望中이요 大鵬擧兮여 九萬인대 鰲岑在何處요? 弱水杳兮여 三千이라. 遊覽旣周하고 喟然歎曰: 『前賢已矣로다. 往事亡羊이로다.

장이 갑자기 죽었다고 하자 박은 슬퍼 어쩔 줄을 몰라 하였다. 그러자 며칠 후 석간(石磵)은 박을 청하여 경포(鏡浦)로 뱃놀이를 떠났는데 따로 홍장을 시켜서는 단장을 하고 화선(畫船)을 준비하여 처용(處容)같이 꾸며 배를 저어 나오게 시켰다. 호수의 가경(佳景)을 보고도 홍장 생각에 정신이 없던 박이 자세히 그 화선을 보고서야 홍장임을 알자 좌중이 모두 손뼉을 치며 웃었다고 한다. 〈동인시화(東人詩話)〉 권 하(下)에 다음과 같이 고사가 실려 있다.

朴惠肅信少有詩譽, 按江原愛江陵妓紅粧, 情頗珍重, 秩滿將還. 府尹趙石磵仡註云; 「粧已仙去.」朴悼念思想頗不自聊, 府有鏡浦臺. 形勝爲關東第一, 尹邀廉使出遊, 密令紅粧靚飾艷服, 別具畫船, 選一老官人鬚眉皓白, 衣冠褒偉狀類處容者. 載紅粧, 又揭彩額題詩其上曰:「新羅聖代老安詳, 千載風流尙未忘. 聞說使華遊鏡浦, 蘭舟不忍載紅粧.」徐徐擊楫入浦口, 徘徊洲渚間, 絲管淸圓如在空中. 尹語廉使曰:「此地有古仙遺跡, 山頂有茶竈, 距此數十里有寒松亭, 亭亦有四仙碑, 至今仙曹神侶往來其間. 花朝月夕, 人或見之, 但可望不可近也.」朴曰:「風景殊異, 適無情況.」涕淚盈睫, 俄而舟行順, 風一瞥直前, 老人艤船相棹, 形貌詭奇, 船中紅妓謌舞綽約踟躕. 朴駭愕曰:「必神仙中人.」熟視乃紅粧也. 一座抵掌大笑, 極權而罷. 後朴寄關東詩曰:「少年持節按關東, 鏡浦淸流入夢中. 臺下蘭舟思又泛, 却嫌紅粉笑衰翁.」

람 죽 계 지 웅 필　　　음 석 간 지 청 장　　　화 후 경 영　　　창 실 전 일 지 화 구
覽竹溪之雄筆하고 吟石澗之淸章하니 火後經營이 悵失前日之華構라.
수 중 란 계　　　수 재 석 시 지 홍 장
水中蘭桂하니 誰載昔時之紅粧』이로다!

슬프다. 이름 때문에 사람이 얽매이고, 이익이란 그물 속에 세정이 얽혔도다.

그 누가 편안히 한가함을 얻을 수 있을까? 모두 힘들여 하는 일 스스로를 폐(弊)하는 것일세.

벼슬의 맛이란 닭 갈빗대[36] 같으며 세상의 영화란 믿을 것이 못되고, 명예란 구구하여 토구(菟裘)[37]와 같은 것, 마땅히 임하(林下)의 계획[38]을 이루어 보리라.

옆에 한 사람이 있어 가로되, "이 곳에 알맞은 땅이 있으니 마땅히 이 누대(樓臺)를 축성할 만합니다. 영웅이 끼친 상(賞)을 생각하고 은일(隱逸)들의 배회를 회고하면서, 이곳에 올라 정을 풀어놓고 일시의 즐거움을 종락(縱樂)할 만합니다"라 하는구나.

그러나 죽은 뒤 향불 피워 놓은들 자취는 천고에 사라지고 다만 재만 되어 남는 것.

---

36) 계륵(雞肋): 닭의 갈빗대. 먹기엔 너무 힘들고 버리자니 아까운 상태. 〈후한서(後漢書)〉에 「楊修字德祖, 好學有俊才, 爲丞相曹操主簿, 操平漢中, 欲因討劉備而不得進, 欲守之, 又難爲功, 操出令唯曰鷄肋而已」라 하였다.

37) 토구(菟裘): 菟는 兎와 같음, 토끼털로 만든 옷. 즉 호액모(狐腋毛)로 만든 좋은 호백구(狐白裘)에 대응하여 별것 아님을 나타낸 말.

38) 임하지계(林下之計): 벼슬을 그만두고 전원으로 돌아가는 것을 말한다. 영철(靈澈)의 〈수위단시((酬韋丹詩)〉에 「相逢盡道休官去, 林下何曾有一人」이란 구절이 있고 문천상(文天祥)의 〈유흥시(遺興詩)〉에 「何從林下尋元亮, 只向塵中作魯連」이란 구절이 있으며 그외 숲 아래라는 단순한 뜻으로 정곡(鄭谷)의 〈자은우제(慈恩偶題)〉에 「林下聽經秋苑鹿, 溪邊掃葉夕陽僧」이란 구절이 있다.

만약 무릇 몸에 덕을 쌓으면 만믈이 그 은택을 입게 되고, 임금에게 효충(效忠)하면 백성이 그 행동에 덕업을 드리워 죽백(竹帛)[39]에 남게 되어 용을 잡고 봉황새를 붙드는 것 같아 몸이 마친 후에도 그 이름을 이루나니, 게을리 몸을 놀려 눈앞의 즐거움을 따르지 말 것이로다.

원 문

噫, 名纏絆人, 利網籠世, 孰囂囂而得間, 咸役役而自弊, 宦味同於雞肋, 難恃寰中之榮, 名區類於菟裘, 宜成林下之計, 傍有一人曰, 旣有此地, 便築斯臺, 思英雄之遺賞, 懷隱逸之裴徊, 登臨放情, 縱一時之樂事, 杳茫無迹歷, 千古而成灰, 若夫德積于身, 物被其澤, 效忠惠於君, 民垂德業於竹帛, 攀龍附鳳, 可成身後之名, 惰志忘形, 莫循眼前之樂.

읽기

噫라! 名纏絆人하고 利網籠世라 孰囂囂而得間으로 咸役役而自弊리오? 宦味同於雞肋이니 難恃寰中之榮이로다. 名區類於菟裘니 宜成林下之計리라. 傍有一人하되 曰:『旣有此地하여 便築斯臺하니 思英雄之遺賞하여 懷隱逸之裴徊하여 登臨放情하고 縱一時之樂事』이리라

---

39) 죽백(竹帛): 옛날 종이가 없을 때 죽간(竹簡)과 비단에 글을 썼던 관계로 비유하여 사서(史書), 책이란 뜻이 되었다. 〈사기(史記)〉 문제본기(文帝本紀)에 「祖宗之功德, 著於竹帛」이라 하였다.

하니 『杳茫無迹歷이요 千古而成灰라. 若夫德積于身이면 物被其澤이로다. 效忠惠於君하면 民垂德業於竹帛일지니 攀龍附鳳이 可成身後之名이요 惰志忘形이니 莫循眼前之樂』이로다라 하니라.

객이 웃으며 "행장(行藏)[40]은 운에 달렸고 화복(禍福)은 때가 있는 법, 구한다고 얻을 수 있는 게 아니며 버린다고 사라지는 게 아니니 마침내 인력(人力)으로 어쩔 수 없는 것입니다"라고 하도다.

명(命)이라면 조화(造化)가 하는 것을 들어 따르리니, 하물며 형체는 만 가지나 이치는 하나임에랴.

오히려 사생(死生)도 구별치 못하거늘 어찌 구촉(久促)[41]을 분별하랴.

장자(莊子)는 내가 아니요 나비는 곧 물(物)이[42] 아니니, 생각컨대 꿈도 없고 참이란 것도 없는 것.

무릇 망한 초(楚)나라도 없고 남은 것도 없으니, 누가 얻고 누가 잃었단 말인고.

---

40) 행장(行藏): 드러나 현달함과 숨겨져 이름이 알려지지 못하는 것.

41) 구촉(久促): 장구(長久)함과 촉박함.

42) 주비아접비물(周非我蝶非物): 장자(莊子, 周)가 나비가 되어 훨훨 날아다니다가 깨어서 장자가 나비인지 자신이 장자인지 의심한 꿈. 〈장자(莊子)〉 제물편(齊物篇)에 「昔者, 莊周夢爲胡蝶, 栩栩然胡蝶也, 自喩適志與, 不知周也, 俄然覺, 則蘧蘧然周也, 不知周之夢爲胡蝶與, 胡蝶之夢爲周與? 周與胡蝶, 則必分矣. 此之謂物化」라 하였다.

客笑而答曰, 行藏由運, 禍福有期, 求之而不可得, 捨之而不能遺, 已乎終非人力之可取, 命也. 當聽造化之所爲, 而況形分雖萬, 理合則一, 尚不辨於死生, 矧有分於久促, 周非我蝶非物, 諒無夢而無眞, 凡未亡楚未存, 竟誰得而誰失.

客笑而答하되 曰:『行藏由運이요 禍福有期니 求之而不可得이요 捨之而不能遺라. 已乎終非人力之可取』라 하니 『命也라. 當聽造化之所爲하니 而況形分雖萬이리오? 理合則一이니 尚不辨於死生이로다. 矧有分於久促하니 周非我蝶非物이라. 諒無夢而無眞이니 凡未亡楚未存인대 竟誰得而誰失이오?

그러므로 허심(虛心)하게 사물을 응하고 일을 만나 득의(得意)할 따름, 정신이 이지러지지 않고 안으로 지켜 나가면 뜻이 그 어찌 외물(外物)에 동(動)하여 내달리리오!

달의(達意)해도 즐거워 말며 궁해도 슬퍼하지 않으면 거의 출처(出處)의 도에 온전한 것이니, 우러러보아 부끄러움이 없고 굽어보아도 부끄럽지 않으리니, 가히 하늘과 사람들의 기롱(譏弄)을 면할 수 있으리라.

무릇 제어하기 어려운 것은 정(情)이요, 쉬 방탕하는 것은 기(氣)

라.

　진실로 수양의 기틀을 놓치게 되면 반드시 유일(流佚)해서 뜻을
다치게 될지니, 명예나 이익을 구하는 것은 성정(性情)을 해치는 정
한 이치요, 요산 요수는 생각컨대 인지(仁智)를 사모하는 것이리
라.[43]

원문

是故, 虛心應物, 觸事得宜, 神不虧而內守, 志豈動而外馳, 達
莫喜, 窮莫悲, 庶全出處之道, 仰不愧俯不作, 可免天人之譏, 且
夫難制者, 情, 易盪者, 氣, 苟操養之失機, 必流佚而喪志, 求名求
利, 定有害於性情, 樂水樂山, 竊多慕於仁智.

읽기

是故로 虛心應物하여 觸事得宜하리니 神不虧而內守요 志豈動而外
馳리오? 達莫喜하고 窮莫悲하며 庶全出處之道하여 仰不愧俯不作하면
可免天人之譏이니라. 且夫難制者는 情이요 易盪者는 氣라. 苟操養之
失機하면 必流佚而喪志니라. 求名求利하면 定有害於性情이리니 樂水
樂山은 竊多慕於仁智니라 하니라.

---

43) 요산 요수(樂山樂水): 〈논어(論語)〉 옹야편(雍也篇)에 「知者樂水, 仁者樂山, 知者動,
　　仁者靜, 知者樂, 仁者壽」라 하였다.

비록 그러하나 선비가 세상에 나서는 자기 몸만 사사로이 말 것이
니, 만약 풍운(風雲)의 기회를 만나면 마땅히 사직의 신하(臣下)가
되어야 하느니라.

융중(隆中)의 와룡 선생(臥龍先生) 제갈량(諸葛亮)[44]은 비록 문달
(聞達)을 구하는 선비가 아닐 것이며 위수(渭水) 가의 어부 여상(呂
尙)은 어찌 세상을 아주 잊을 사람이리요?[45]

오호라, 풍전 등화(風前燈火) 같은 백년(百年)이요, 너른 바다에
좁쌀 한 알 같은 삶이로다.[46]

여름 벌레가 얼음을 의심함에 빙긋 웃고[47] 달인(達人)도 고독(孤
獨)을 당할 때가 있음을 생각하노라.[48]

풍경을 찾아서 천지를 집으로 삼음이여, 하필이면 중선(仲宣)의[49]
속절없이 고국 생각함을 본받으랴?

---

44) 와룡(臥龍): 제갈량(諸葛亮, 181~234)을 이름. 자(字)는 공명(孔明), 와룡 선생(臥龍
先生), 시호는 무후(武侯). 삼국 시대 촉(蜀)나라 유비(劉備)의 삼고초려(三顧草廬)로
그를 도와 조조(曹操)를 물리쳤다. 「출사표(出師表)」가 유명하다.

45) 위천어부(渭川漁父): 여상(呂尙)을 말한다. 주문왕(周文王)과 무왕(武王)을 보필하여
은(殷)의 주(紂)를 쳐서 주(周)를 이루었다. 위수(渭水)에서 낚시질하다가 문왕을 만나
태공(太公)이 기다리던 인물이라 하여 태공망(太公望)이라 불렀다. 후에 강성(姜姓)을
받아 강태공(姜太公)이라고도 하며 제(齊)나라에 봉해져 시조가 되었다.

46) 창해일속(滄海一粟): 소동파(蘇東坡)의 「적벽부(赤壁賦)」에 「寄蜉蝣於天地, 渺滄海之
一粟, 哀吾生之須臾, 羨長江之無窮」이라 하였다.

47) 〈장자(莊子)〉 소요유(逍遙遊)편에 「朝菌不知晦朔, 惠蛄不知春秋」라 하였다.

48) 달인지견독(達人之見獨): 달인도 고독을 당할 때가 있다는 뜻.

49) 중선지공회고국(仲宣之空懷故國): 중선(仲宣)은 삼국 시대 위(魏)의 건안칠자(建安七
子) 중의 하나인 왕찬(王粲)의 자(字). 그의 「칠애시(七哀詩)」에 「西京亂無家, 豺虎方
遘患, 復棄中國去, 委身適荊蠻……南登灞陵岸, 回首望長安, 悟彼下泉人, 喟然傷心肝」
이라 하여 나라의 혼란으로 민중의 비참함을 읊었다.

雖然, 士生於世, 不私其身, 倘遇風雲之會, 當成社稷之臣, 隆中臥龍, 縱非求聞之士, 渭川漁父, 豈是忘世之人, 嗚呼風燈百年, 滄海一粟, 哂夏蟲之疑冰, 思達人之見獨, 訪風景, 而天地爲家兮, 何必效仲宣之空懷故國也哉.

雖然이나 士生於世에 不私其身이니 倘遇風雲之會면 當成社稷之臣이라. 隆中臥龍은 縱非求聞之士요, 渭川漁父는 豈是忘世之人이리오? 嗚呼風燈百年에 滄海一粟이라. 哂夏蟲之疑冰이요 思達人之見獨이로다. 訪風景하여 而天地爲家兮여! 何必效仲宣之空懷故國也哉?』리오

하니라.

율곡 선생 행장기(栗谷先生行狀記)

대현(大賢) 율곡 이이(李珥) 선생은 서기 1536년(중종 31년) 12월 26일, 강릉(江陵) 오죽헌(烏竹軒) 몽룡실(夢龍室)에서 어머니 신사임당(申師任堂)이 용꿈을 꾸신 후 탄생하셨다. 아명(兒名)을 현룡(見龍)이라 하였고, 3세 때에 말과 글을 배웠으며, 7세 때에는 「진복창전(陳復昌傳)」을, 8세 때에는 「화석정시(花石亭詩)」를 지었으며, 10세 때 경포대에 올라 장문(長文)의 「경포대부(鏡浦臺賦)」를 쓴 신동으로 세상 사람들을 경탄시켰다. 13세 때에는 어린 나이로 팔을 찔러 아버지 원수공(元秀公)의 중병을 회춘케 한 효자이기도 하였다.

16세 때 모친상을 당하여 비관한 나머지 3년간 사임당 묘전(墓前)에 시묘(侍墓)한 후 봉은사(奉恩寺)에 입산, 불서(佛書)를 탐독한 후, 뜻한 바 있어 다시 금강산(金剛山)에서 수도(修道), 1년 만에 불교 철학에 통달하였다. 20세 때 강릉 오죽헌으로 돌아와 「자경문(自警文)」을 지어 실천하였는데, 13세 때 진사 초시(進士初試)에 장원급제한 것을 비롯하여 아홉 번이나 대소 과거(진사 초시, 한성시, 별시, 식년 문과 초시, 전시, 복시 등)에 모두 장원 급제하여 구도 장원공(九度壯元公)으로 유명하였다.

29세 때 호조 좌랑(戶曹佐郞)을 초임(初任)으로 매년 승진하여, 외직으로는 청주 목사(淸州牧使), 황해도 관찰사(黃海道觀察使), 내직으로는 교리(校理), 승지(承旨), 부제학(副提學), 대사헌(大司憲), 대제학(大提學), 사조 판서(四曹判書 : 吏·戶·兵·刑)를 두루 역임하였다.

선생은 학문과 입신(立身)의 도를 배움에 있어서 어머니 사임당 외에는 사사(師事)를 받은 바 없고, 독학 수도(修道)로써 심오한 학문의 경지에 이르렀으며 저서에 있어서도 정치·경제·교육 등 애국 애족의 방향을 제시하였다. 〈동호 문답(東湖問答)〉·〈성학 집요(聖學輯要)〉·〈인심 도심설(人心道心說)〉·〈성리학설(性理學說)〉·〈경연 일기(經筵日記)〉·〈김시습전(金時習傳)〉·〈시문집(詩文集)〉·〈소학 집주(小學集註)〉 등은 선생의 명저(名著)이다. 선생의 정치 사상은 민본주의(民本主義)이며 혁신주의로서 삼대 정경 정책(三大政經政策)을 주장하였고, 시무 육조계(時務六條啓)·양병 십만론(養兵十萬論)·경제사 설치(經濟司設置) 건의 등의 정책을 주장하였다. 또한 향약 규례(鄕約規例)를 제정하여 지방 자치제를 장려하였고, 사창 제도(社倉制度)를 만들어 빈민을 구제하기도 하였다. 정계(政界)를 떠난 후에는 고산 구곡(高山九曲)에 은병 정사(隱屛精舍 : 사립 대학)를 세워 제자들을 가르침에 있어 학도들의 나아갈 바 지침인 〈격몽 요결(擊蒙要訣)〉과 〈학교 모범(學校模範)〉을 저술하였으며, 와병 중에 저술한 〈육조방략(六條方略)〉을 최후로 남기고 서기 1584년 1월 16일에 49세로 별세하셨다.

선생은 교육 지상주의를 부르짖은 교육가이며 저술가인 동시에 구국 제민(救國濟民)을 위해 몸소 실천한 위대한 정치가요 철학가이며 애국자로서, 겨레 만대에 영구 불멸할 사표(師表)이다.

서기 1624년(인조 2년)에 문성(文成)이라는 시호(諡號)를 내리고 문묘(文廟)에 제사지내게 되었다.

연 보(年譜)

1536년 음력 12월 26일, 강릉 북평촌(北坪材: 현 竹軒洞)의 외가 몽룡실(夢龍室)에서 탄생.

1538년(3세) 말과 글을 배움.

1541년(6세) 어머니와 함께 서울 수진방(壽進坊: 현 淸進洞)에 있는 서울집으로 감.

1542년(7세) 〈진복창전(陳復昌傳)〉을 지음.

1543년(8세) 〈화석정시(花石亭詩)〉를 지음.

1545년(10세) 〈경포대부(鏡浦臺賦)〉를 지음.

1548년(13세) 진사 초시(進士初試)에 장원 급제.

1551년(16세) 어머니 신사임당 별세. 〈선비 행장(先妣行狀)〉을 지음.

1554년(19세) 어머니 묘소에서 시묘(侍墓) 3년을 마치고 금강산에 입산.

1555년(20세) 강릉으로 돌아와 〈자경문(自警文)〉을 지음.

1556년(21세) 한성시(漢城試)에 장원 급제.

1557년(22세) 성주 목사 노경린(盧慶麟)의 딸 곡산 노씨와 결혼.

1558년(23세) 안동 도산(陶山)에 가서 퇴계 이황(李滉) 선생 만남. 별시(別試)에 장원 급제.

1561년(26세) 부친 이원수(李元秀) 공 별세.

1564년(29세) 생원 진사 급제. 명경과(明經科)에 급제. 호조 좌랑
    (戶曹佐郎)으로 첫 벼슬길에 나아감.

1565년(30세, 명종 20년) 예조 좌랑(禮曹佐郎).

1566년(31세, 명종 21년) 사간원 정언(司諫院正言)으로 있으면서 시
    무 삼사(時務三事) 상소. 이조 좌랑(吏曹佐郎).

1568년(33세, 선조 원년) 사헌부 지평(司憲府持平). 성균관 직강
    (成均館直講) · 홍문관 부교리(弘文館副校理) · 이조 좌랑. 외할
    머니 병환으로 관직을 사퇴하고 강릉에 감.

1569년(34세, 선조 2년) 교리(校理). 〈동호 문답(東湖問答)〉을 지
    음. 시무구사(時務九事) 상소, 외할머니 별세(90세).

1570년(35세, 선조 3년) 교리. 신병으로 사퇴. 해주(海州)로 감.

1571년(36세, 선조 4년) 교리. 홍문관 부응교(弘文館副應敎), 이조
    정랑(吏曹正郎) 사퇴. 해주(海州) 고산 석담(高山石潭)을 구경
    하고 은거할 계획 세움.

1572년(37세, 선조 5년) 원접사 종세관(遠接使從世官) · 사간원 사
    관 · 홍문관 응교 · 홍문관 전한(弘文館典翰) 등을 모두 사퇴.

1573년(38세, 선조 6년) 직제학(直提學).

1574년(39세, 선조 7년) 우부승지(右副承旨). 〈만언 봉사(萬言封
    事)〉를 지어 올림. 병조 참지(兵曹參知) · 사간원 대사간(司諫
    院大司諫)에 임명. 황해도 관찰사(黃海道觀察使). 장남 경림
    (景臨) 출생.

1575년(40세, 선조 8년) 홍문관 부제학(弘文館副提學). 〈성학 집요
    (聖學輯要)〉를 지음.

1576년(41세, 선조 9년) 해주(海州) 석담(石潭)에 청계당(聽溪堂)
    을 지음.

1577년(42세, 선조 10년) 〈격몽 요결〉을 지음. 향약(鄕約)을 만들어 고을의 폐습을 바로잡음. 사창 제도(社倉制度) 실시로 빈민 구제에 힘씀.

1578년(44세, 선조 12년) 은병 정사(隱屛精舍)를 지음. 〈고산 구곡가(高山九曲歌)〉 지음. 대사간(大司諫)에 임명됨. 〈만언소(萬言疏)〉를 지어 올림.

1579년(44세, 선조 12년) 〈소학 집주(小學集註)〉를 지음. 차남 경정(景鼎) 출생.

1580년(45세, 선조 13년) 〈기자 실기(箕子實記)〉를 지음. 대사간에 임명됨.

1581년(46세, 선조 14년) 가선 대부 사헌부 대사헌(嘉善大夫司憲府大司憲)으로 승진. 호조 판서에 오름. 홍문관·예문관(藝文館) 대제학. 〈경연 일기(經筵日記)〉를 지음.

1582년(47세, 선조 15년) 이조 판서. 〈인심 도심설(人心道心說)〉·〈김시습전(金時習傳)〉·〈학교 모범(學校模範)〉을 지음. 형조 판서에 임명됨. 〈만언소(萬言疏)〉를 올림. 원접사(遠接使)에 임명됨. 병조 판서에 임명됨

1583년(48세, 선조 16년) 〈시무 육조(時務六條)〉를 지어 올림. 〈시폐 봉사(時弊封事)〉를 올림. 이조 판서. 양병 십만(養兵十萬) 주장.

1584년(49세, 선조 17년) 1월 16일, 서울 대사동(大寺洞) 집에서 별세. 〈육조 방략(六條方略)〉을 최후로 진술. 파주(坡州) 자운산(紫雲山)에 장사.

1624년(死後 40년, 인조 2년) 문성(文成)이라 시호(諡號)함.

신사임당(申師任堂)의 시(詩)

사임당 신(申) 부인은 일찍 학자의 집안에서 태어나 어려서부터 유교의 경전과 명현들의 문집을 탐독하여 시와 문장에 능숙했다.

그러므로 부인은 시도 적지않게 지었을 것이 물론이나 지금껏 전해 오는 것은 안타깝게도

1. 대관령을 넘으며 친정을 바라본다(踰大關嶺望親庭)
2. 어머님 그리워(思親)

이상 두 편과 어머님을 생각하며 지은 낙구(落句) 한 구절이 있을 뿐이라 참으로 유감스런 일이다.

혹시 이것 이외에 한두 편 더 유행되는 것이 있으나 정확한 빙거도 없을 뿐더러 또 부질없이 사임당의 시라고 덧붙여 놓는 것은 사임당을 위해서 반드시 좋은 일도 아니므로 여기서는 정확한 것만을 소개하기로 한다.

1. 대관령을 넘으며 친정을 바라본다

늙으신 어머님을 고향에 두고
외로이 서울 길로 가는 이 마음
돌아보니 북촌은 아득도 한데
흰 구름만 저문 산을 날아 내리네.

〔율곡이 지은 어머님 행장〕

원 문

踰大關嶺望親庭

慈親鶴髮在臨瀛　身向長安獨去情
回首北村時一望　白雲飛下暮山靑

[栗谷撰 先妣行狀]

읽기

유 대 관 령　　망 친 정
踰大關嶺[1]望親庭

자 친 학 발 재 임 영　　신 향 장 안 독 거 정
慈親鶴髮在臨瀛[2]　身向長安獨去情
회 수 북 촌　시 일 망　　백 운 비 하 모 산 청
回首北村[3]時一望　白雲飛下暮山靑

율 곡 찬　선 비 행 장
〔栗谷撰 先妣行狀〕

　이 시를 지은 연대에 대하여 흔히는 부인이 결혼하여 바로 서울로 올라오며 대관령 위에서 지은 것이라고들 전하나 율곡 선생이 친히 지은 「어머님 행장(先妣行狀)」에 의하면, 19세에 결혼하고도 그대로 친정에 머물러 있었음을 알 수 있고, 또 21세 때에 처음으로 서울 시어머니께 신혼례를 드렸으나 이 시는 그 때 지은 것도 아니요 훨씬 뒤인 38세 때(율곡 선생이 6세 때)에 강릉 친정으로 어머니를 가 뵙고 다시 떠나 서울로 올라오는 도중 대관령 마루턱에 앉아 북평(北坪) 친정을 내려다보면서 지은 것임을 알 수 있다.

　이때는 친정 아버지가 별세한 지 이미 20년이요 62세의 늙은 어머니 이(李)씨만이 친정에 계셨을 뿐 아니라 본시 아들은 낳지 못하고 딸만 다섯을 두어 그나마도 모두 출가했던 터라 사임당은 홀로 외로이 계시는 늙은 어머니를 생각함이 남다를 수밖에 없었던 것이다.

---

1) 대관령(大關嶺): 강원도 강릉시와 정선군(旌善郡) 사이에 있는 산으로 높이는 1,077미터다. 강릉 시내에서 서쪽으로 22킬로쯤에 있는데 옛날에는 이 산을 강릉 고을의 진산(鎭山)이라고 불렀다. 산 허리를 돌고 돌아 이른바 아흔 아홉 굽이라고 일컫거니와 이같이 험하고 높은 채로 강릉에서 서울로 오자면 대관령을 넘지 않으면 안 되는 유일한 큰 길인 것이다. 더구나 대관령 위에서 강릉 쪽을 내려다보면 부인의 친정인 북평(北坪, 오죽헌(烏竹軒) 있는 곳)이 아주 손바닥에 놓고 보듯이 바로 내려다보이므로 이 시는 그야말로 실감적인 작품이다.

2) 임영(臨瀛): 강원도 강릉의 옛 이름 중의 하나다. 「큰 바다에 다다른 곳」이란 뜻이다. 부인이 여기서 나고 자랐다. 그래서 번역에서는 편의상 「고향」이라고 하였다.

3) 북촌(北村): 다른 책에 「북평(北坪)」이라고 쓴 데도 있다. 같은 말이다. 지금 북쪽에 있는 죽헌동(竹軒洞)을 이름인데 본시 부인의 고향 친정댁이 있던 곳이요 또 뒷날 율곡 선생도 여기서 났다.

2. 어머님 그리워

산 첩첩 내 고향 천리연마는
자나 깨나 꿈 속에도 돌아가고파
한송정(寒松亭) 가에는 외로이 뜬 달
경포대(鏡浦臺) 앞에는 한 줄기 바람
갈매기는 모래톱에 헤락 모이락
고깃배들 바다 위로 오고 가리니
언제나 강릉 길 다시 밟아가
색동옷 입고 앉아 바느질할꼬.

〔가승〕

원문

思 親

千里家山萬疊峰　歸心長在夢魂中
寒松亭畔孤輪月　鏡浦臺前一陣風
沙上白鷗恒聚散　海門漁艇任西東
何時重踏臨瀛路　更着班衣膝下縫

[家乘]

사 친
思 親

천 리 가 산　만 첩 봉　　귀 심　　장 재 몽 혼 중
千里家山¹⁾萬疊峰　歸心²⁾長在夢魂中

한 송 정　반 고 륜 월　　경 포 대　전 일 진 풍
寒松亭³⁾畔孤輪月　鏡浦臺⁴⁾前一陣風

사 상 백 구 항 취 산　　해 문　어 정 임 서 동
沙上白鷗恒聚散　海門⁵⁾漁艇任西東

하 시 중 답 임 영 로　　갱 착 반 의　슬 하 봉
何時重踏臨瀛路　更着班衣⁶⁾膝下縫

가 승
〔家 乘〕

---

1) 가산(家山): 향산(鄕山)이라고 쓴 데도 있다.

2) 귀심(歸心): 귀녕(歸寧, 고향으로 부모님 뵈러 가는 것)이라고 쓴 데도 있다.

3) 한송정(寒松亭): 강릉 시내에서 동쪽으로 7킬로쯤 나가 동해의 바닷가에 있는 명승 고적지다. 옛날에는 정자도 있었으며 송림어 우거졌고 정자 곁에 차(茶) 끓여 마시던 유적으로 다천(茶泉), 돌확〔石臼〕, 돌부엌〔石竈〕 들이 있었는데 신라 때 영랑(永郞), 술랑(述郞), 안상랑(安祥郞), 남석행(南石行) 들 네 화랑(花郞)이 놀던 곳이었다고 전한다. 일찍이 고려 초엽에 「한송정가(寒松亭歌)」란 것이 있어 지금껏 우리 국문학 역사에 전하고 있거니와 그 밖에 안축(安軸), 이인토(李仁老), 김극기(金克己), 이곡(李穀), 이무방(李茂芳) 같은 여러 시인 학자들이 모두 이 곳을 노래했다. 그러나 지금에 와서는 정자도 없고 신라 때 네 분 국선(國仙)의 유적이라는 다천, 돌확, 돌부엌 들도 없으며, 다만 송림만이 얼마쯤 남아 있고 한송사(寒松寺)라는 조그마한 암자 하나가 있어 한송정(寒松亭) 옛터임을 일러 줄 따름이다.

4) 경포대(鏡浦臺): 강릉 시내에서 동북쪽으로 7킬로쯤 되는 동햇가에 있는 명승지로서 주위는 8킬로 가량 된다. 서쪽 언덕 위에 세운 정자는 고려 충숙왕(忠肅王) 13년 병인(丙寅, 서기 1326)에 박숙(朴淑)이 창건하고 안축(安軸)이 그 내력에 대한 글을 지었으며, 뒤에 이조 중종(中宗) 3년 무진(戊辰, 서기 1508)에 한급(韓汲)이 옮겨 지었고, 다시 그 뒤 숙종(肅宗) 대왕의 시도 걸었으며, 또 영조(英祖) 18년 임술(壬戌, 서기 1742)에 조하망(曹夏望, 자는 아중(雅仲)이요 호는 서주(西洲)요 창녕(昌寧) 사람으로 숙종 8년 임술(1682년)에 나서 66세에 죽은 이다)이란 이가 61세에 강릉 부사(府使)로 와서 경포대를 크게 수보 개축하였다. 특히 그가 경포대 정자의 개수 공사를 끝내자 마침 근처에 있는 오죽헌(烏竹軒) 옛 문서 속에서 율곡 선생이 10세 때에 지었다는 경포대 서문(序文)이 발견되었으므로 그는 그것을 우연한 일이 아니라 하고 곧 현판에 새겨 문 머리에 걸었다. 그리고 또 1961년 봄에 와서도 다시 수보한 일이 있었거니와 이 언덕 이 정자

이 시를 지은 연대도 역시 38세에 서울 수진방(壽進坊, 지금 수송동과 청진동) 시댁에서 살림살이를 시작한 이후에 속한다. 부인은 이같이 늘 고향에 계신 늙은 어머니를 그렸던 것이다.

3. 낙구

밤마다 달을 대해 비옵는 말씀
사신 제 다시 한번 보이압고저.

〔율곡이 지은 어머님 행장〕

落 句

夜夜祈向月　原得見生前　　　　　　　　　〔先妣行狀〕

위에 올라서 경포대의 전경을 둘러보면 과연 경호(鏡湖)라고도 부르는 이름 그대로 거울같이 맑고 고요한 물과 그 물에 그림자를 담그고 있는 송림과 다시 그 너머 흰 모래판과 끝없이 푸른 동해가 모두 아울러 절묘한 경치라 옛날 신라 때 네 분 국선이 여기 와 놀았다는 말이 빈말이 아닐 것이며, 또 이른바 「관동 팔경」의 하나라 함도 과연 헛이름이 아님을 느낄 수 있다.

5) 해문(海門): 다른 책에 파두(波頭, 물결 위)라고 적은 데도 있다.

6) 갱착반의(更着斑依): 채무반의(彩舞斑衣) 또는 채복반의(彩服斑衣)라고 적은 데도 있는데 모두 같은 뜻이다. 옛날 중국 고대 춘추(春秋) 시대 초(楚)나라에 노래자(老萊子)라는 어질고 부모에게 효성이 지극한 이가 있었다. 그는 자기 나이 70이 되었건만 오히려 색동옷을 입고 부모 앞에서 어린 아이의 유희를 하여 부모를 즐겁게 한 일이 있었다. 여기서 부인은 옛날 그 색동옷을 입고 어린 아이의 유희를 하고 싶다는 심정을 쓴 것이다.

落句

夜夜祈向月　原得見生前　〔先妣行狀〕

이 시는 불행히도 그 전편이 전하지 않고 다만 첫머리 한 구절만
이 전해 오는 것인데 참으로 유감스런 일이다. 이것 역시 서울에서
강릉 고향의 어머니를 생각하며 지은 시임은 물론이다.

신사임당 연보

1504년(1세, 연산 10년)

◀ 10월 29일에 강원도 강릉 북평촌(北坪村) 어머니 이(李)씨의 친정에서 탄생하니 아버지 평산(平山) 신(申)씨 명화(命和) 공(이때 25세)의 아들 없는 다섯 딸 중의 둘째딸이다.

1510년(7세, 중종 5년)

◀ 아버지 신명화 공의 집은 한성(漢城)이었으나 어머니 이(李)씨의 친정은 강릉 북평촌이요 또 어머니는 외조부 생원(生員) 이사온(李思溫)과 외조모 최(崔)씨 사이에서 난 무남 독녀라 어머니는 항상 친정 부모를 모시고 강릉에서 살았기 때문에 사임당(師任堂)도 어려서 늘 어머니의 친정인 북평촌에서 살며 외조부의 교훈과 어머니의 훈도 아래서 자라다.

◀ 안견(安堅, 세종 때 사람)의 화풍을 본받아 산수·포도·풀벌레 등 여러 가지 그림을 공부하기 시작하다.

◀ 어려서부터 유교의 경전에 통하고 글씨와 문장에도 능숙했으며 바느질과 자수에도 뛰어난 솜씨를 보이다.

1516년(13세, 중종 11년)

◀ 부친 신명화 공이 한성에서 진사(進士) 시험에 오르다.

1519년(16세, 중종 14년)

◁ 이른바 기묘 사화(己卯士禍)가 일어나 조정암(趙靜菴)을 비롯한 많은 학자들이 화를 당했을 때 부친 신명화 공은 그들의 동지였으나 다행히 화를 당하지는 아니하다.

1521년(18세, 중종 16년)

◁ 강릉 북평에서 외조모 최씨가 별세하다.

◁ 부친 신명화 공(이때 46세)이 한성으로부터 강릉으로 내려가는 도중에서 병을 얻어 집에 도착했을 때는 거의 절망이었는데 어머니 이씨가 조상의 무덤 앞에 가서 손가락을 끊어 지성껏 기도하더니 이튿날 아침 사임당의 꿈에 신(神)이 하늘로부터 대추알만한 약을 가지고 내려와서 신명화 공에게 먹이는 일이 있자 부친의 병환이 쾌차해지다. (뒤에 이 사실을 들어 율곡이 「이씨 감천기(李氏感天記)」를 쓰다)

1522년(19세, 중종 17년)

◁ 덕수(德壽) 이(李)씨 원수(元秀) 공(이때 22세)에게 출가하다.

◁ 출가하고도 그대로 친정에 머물러 있던 중 11월 초 7일에 친정 부친(이때 47세)이 서울 본가에서 마침내 별세하다.

1524년(21세, 중종 19년)

◁ 한성에서 시어머니 홍(洪)씨 부인께 신혼례를 드리다.

◁ 9월에 한성에서 맏아들 선(璿)을 낳다.

◁ 다시 이로부터 10여 년 동안 혹은 파주(坡州) 혹은 강릉, 혹은 봉평(蓬坪, 지금 평창군 봉평견 백옥포리(白玉浦里))으로 옮겨 다니다.

1528년(25세, 중종 23년)

◁ 강릉 친정 어머니(이씨)의 열녀 정각(旌閣)이 서다.

1529년(26세, 중종 24년)

◁ 맏딸 매창(梅窓, 뒷날 조대남(趙大男)에게 출가함)을 낳다.

◁ 둘째아들 번(璠)을 낳다.

◁ 둘째딸(뒷날 윤섭(尹涉)에게 출가함)을 낳다.

1536년(33세, 중종 31년)

◁ 이른 봄 어느 날 밤 꿈에 동해에 이르니 선녀가 있어 바닷속으로부터 살결이 백옥 같은 옥동자 하나를 안고 나와 부인의 품에 안겨 주는 꿈을 꾸고 아기를 배었는데 다시 그 해 12월 26일 새벽에도 검은 용이 큰 바다로부터 날아와 부인의 침실에 이르러 문머리에 서려 있는 꿈을 꾸고 조금 뒤에 아기를 낳으니 그가 바로 율곡(栗谷) 선생이요, 그래서 그가 태어난 방을 몽룡실(夢龍室)이라고 하다. (다만 전설로는 봉평에서 배어 강릉 친정에서 낳았다고 함)

◁ 셋째딸(뒷날 홍천우(洪天佑)에게 출가함)을 낳다.

1540년(37세, 중종 35년)

◁ 병석에 눕다. (이때 부인의 병환으로 온 집이 걱정에 잠겼는데 다섯 살 난 율곡이 어디로 가고 없으므로 모두 나서 찾아보매 어린 율곡이 뒷 사당 앞에 가서 엎디어 어머님 병환을 어서 낫게 해 줍시사고 기도하고 있으므로 달래어 안고 돌아온 일이 있다)

1541년(38세, 중종 36년)

◁ 강릉 친정에서 어머니를 하직하고 한성으로 올라오며 대관령에서 시를 읊다.

◁ 서울 수진방(壽進坊, 지금 수송동 청진동)에서 시집의 모든 살림살이를 주관하다.

1542년(39세, 중종 37년)

◀ 넷째아들 위(瑋)(뒤에 우(瑀)로 고침)를 낳다.

◀ 서울에서 살며 매양 홀로 계신 친정 어머니를 그려 시를 읊으
며 눈물을 짓다.

1545년(42세, 인종 원년)

◀ 이른바 을사 사화(乙巳士禍)가 일어나다.

1550년(47세, 명종 5년)

◀ 여름에 부군 이원수 공이 수은판관(水運判官, 지방으로부터 나
라에 조세로 바치는 곡식을 실어 올리는 선박 사무를 맡은 종 5
품 벼슬)이 되다.

1551년(48세, 명종 6년)

◀ 집을 삼청동(三淸洞)으로 옮기다.

◀ 여름에 부군이 세곡(稅穀) 실어 올리는 일로 평안도 지방으로
내려가다. (이때 맏아들 선(璿)과 셋째아들 이(珥)가 동행하
다)

◀ 5월 17일 새벽, 병으로 누운 지 2, 3일 만에 홀연히 별세하다.
바로 그날 부군과 두 아들이 배를 타고 서강(西江)에 도착하여
부인의 별세한 소식을 듣다.

◀ 파주 자운산(紫雲山)에 장사지내다.

임동석

1949년 경북 영주 출생. 충북 단양에서 성장. 경동고, 서울교육대학, 국제대학교, 건국대학교대학원 졸업. 우전(雨田) 신호열(辛鎬烈) 선생에게 한학을 배움. 국립대만사범대학 국문연구소(國文硏究所) 대학원 박사과정 졸업. 중화민국 국가문학박사 1983). 건국대학교 교수. 문과대학장 역임. 성균관대학교, 연세대학교, 한국외국어대학교 경희대학교, 숙명여자대학교, 고려대학교 등 대학원 강의. 한국중국언어학회, 중국어문학연구회, 한국중어중문학회 회장 역임.

저서에『조선역학고』(中文)『중국학술개론』,『중한대비어문론』. 편역서에『수레를 밀기 위해 내린 사람들』,『율곡 선생 시문선』. 역서에『한어음운학강의(漢語音韻學講義)』,『광개토왕비연구(廣開土王碑硏究)』,『동북민족원류(東北民族源流)』,『용봉문화원류(龍鳳文化源流)』,『전국책』,『세설신어』,『한시외전』등 다수.

율곡 선생 글모음

초판   1쇄 발행 1998년 12월 21일
초판 13쇄 발행 2025년 11월 15일

지은이 이이
옮긴이 임동석
펴낸이 정상준
펴낸곳 (주)을유문화사

창립일 1945년 12월 1일
주소 서울시 마포구 서교동 469-48
전화 02-733-8153
팩스 02-732-9154
홈페이지 www.eulyoo.co.kr
ISBN 89-324-6057-4   03380

* 값은 뒤표지에 표시되어 있습니다.
* 옮긴이와의 협의하에 인지를 붙이지 않습니다.